数字化转型理论与实践系列丛书

建设一体化数智工厂

陈南峰　主　编

侯　玲　牛振东　副主编

电子工业出版社
Publishing House of Electronics Industry
北京·BEIJING

内 容 简 介

本书基于作者 30 余年军品、民品离散制造业经营管理的实战经验编写而成，通过系统分析，揭示制造型企业背后体系运营的逻辑与规律，进而构建起一套通用性、实操性强的一体化数字运营管理体系，支撑智能工厂建设。本书主要内容包括数字化逻辑思维基础、数字化目标与路径、企业流程框架、企业架构、数字化运营管理平台、数智工厂建设、管理提升视角、数字化管理提升、员工成长管理、体系化治理等。

本书可供研发制造型企业、研究院所、高等学校等相关人员学习参考。

未经许可，不得以任何方式复制或抄袭本书之部分或全部内容。
版权所有，侵权必究。

图书在版编目（CIP）数据

建设一体化数智工厂 / 陈南峰主编. —北京：电子工业出版社，2023.4
（数字化转型理论与实践系列丛书）
ISBN 978-7-121-45343-4

Ⅰ.①建⋯ Ⅱ.①陈⋯ Ⅲ.①制造工业－工业企业管理－数字化－研究－中国 Ⅳ.①F426.4-39

中国国家版本馆 CIP 数据核字（2023）第 057630 号

责任编辑：夏平飞
印　　刷：涿州市般润文化传播有限公司
装　　订：涿州市般润文化传播有限公司
出版发行：电子工业出版社
　　　　　北京市海淀区万寿路 173 信箱　　邮编：100036
开　　本：720×1000　1/16　　印张：14.75　　字数：226 千字
版　　次：2023 年 4 月第 1 版
印　　次：2023 年 11 月第 4 次印刷
定　　价：89.00 元

凡所购买电子工业出版社图书有缺损问题，请向购买书店调换。若书店售缺，请与本社发行部联系，联系及邮购电话：（010）88254888，88258888。
质量投诉请发邮件至 zlts@phei.com.cn，盗版侵权举报请发邮件至 dbqq@phei.com.cn。
本书咨询联系方式：（010）88254498。

主编简介

陈南峰，1962年生，浙江大学硕士，正高级工程师。

现任中航电测仪器股份有限公司（简称中航电测，股票代码300114）首席技术专家。目前主持中航电测集成产品研发体系改革的推进工作，Zemic_ZOS信息化与智能制造的推进工作，以及员工成长训练。

任职简历：大学毕业后曾在高校任教，曾任中航电测下辖子公司总经理（1999—2012）和两个国家标准分标委会副主任委员，参加多个学术组织。

主要成果与荣誉：获国家科学技术进步二等奖一次，享受国务院政府特殊津贴专家，主持或参与多项国家与地方科研攻关项目以及多项国家与地方标准的制修订和宣贯。

本书编写人员

主　　编：陈南峰

副 主 编：侯　玲　牛振东

编写人员：侯　玲（编写第 5 章、第 6 章）

　　　　　　牛振东（编写第 7 章、第 8 章）

　　　　　　周新余（编写第 2 章，参编第 1 章）

　　　　　　马　蓉（编写第 3 章）

　　　　　　王　鹏（编写第 4 章）

　　　　　　张　展（编写第 9 章）

　　　　　　鲜卫玲（参编第 9 章）

　　　　　　陈光阳（参编第 5 章）

　　　　　　刘皓源（参编第 8 章）

文字校对：冯树荣

图片设计：刘　尧

前 言

制造业是国民经济的主体，是立国之本、兴国之器、强国之基。自 18 世纪中叶开启工业文明以来，世界强国的兴衰史和中华民族的奋斗史一再证明，没有强大的制造业，就没有国家和民族的强盛。打造具有国际竞争力的制造业，是我国提升综合国力、保障国家安全、建设世界强国的必由之路。

■ **数字化之"痛"**

我国制造业的构成极为复杂，产业链长，覆盖全部工业门类，大部分企业的管理与数字化仍处于较低水平，其中有许多企业没有能力自行去构建逻辑严密、系统、完整的流程体系，已构建流程体系的企业也因与数字化对接落地困难，而难以达到预期效果。为提升研发水平，许多企业都在大力推进集成产品研发管理体系建设，但数字化落地也普遍存在困难。

制造型企业之"痛"：

缺乏自顶向下顶层设计能力背景下的运营体系改进迭代（运营体系初步建模迭代起点水平低，主要依据由表及里的各种管理工具诊断改进），使企业发展步履艰难；

各种管理改进工具让许多从业人员无法识别其真面目，从而忙于应付；

缺乏系统逻辑思维与架构能力下的数字化规划，难以与工业化需要有机融合，无法成为企业管理提升的有效支撑；

信息化进程中软件模块简单堆砌形成的碎片化以及数据孤岛的普遍存在，制约了迈向智能制造的步伐。

■ 一体化之"梦"

本书通过系统分析，揭示系统集成产品研发制造型企业背后体系运营的逻辑与规律，将现有多体系进行整合，构建起一套通用性、实操性强，迭代起点水平高的一体化运营管理体系，在此基础上实现数字化与工业化的融合，重构符合不重不漏（MECE）原则的管理提升视角，不断完善和提升智能化水平，逐步形成基于数字化且逻辑严密、体系完整、数据流畅（无孤岛）、运营高效的企业数字化运营管理体系。

■ 本书的结构

第1章　数字化逻辑思维基础

研发制造型企业的数字化与互联网企业的诉求有着显著的差异，许多非逻辑思维的存在，容易让企业盲目跟风，导致看错了方向、走错了路；企业需要基于逻辑思维去独立思考，运用结构化思维去梳理与表达，运用系统性思维去整体、分层次、开放、动态地思考企业运营顶层架构，做好数字化与智能制造的顶层规划。

第2章　数字化目标与路径

厘清战略规划、企业运营价值链、管理支持业务之间的关系；分析如何从战略的制定，到层层分解执行，然后监控运营的效果，进行组织绩效管理，并进行战略回顾、研讨和迭代；明确企业数字化与智能制造的目标是支持企业提质、增效、降本，且管理水平可持续迭代提升，为此企业需要选择合适的建设路径。

第3章　企业流程框架

为支撑企业战略目标的实现，开展战略管控，需分清各业务域，并梳理各业务域之间及业务域内部的流程关系与约束保障措施，构建起企业的顶层运营流程框架（高阶流程全景图），然后层层细化。本章以采购管理为例，给出了从顶层流程到末级流程的分解过程，明确了业务流程梳理到企业运营信息化落地的关系。

第 4 章　企业架构

想要让业务流程有效运行,就要通过数字化对其加以固化与提升。将流程框架转换为业务架构,并搭建稳定、可靠、安全、高效、技术先进的企业架构作为数字化实现的基础。

第 5 章　数字化运营管理平台

在深刻理解企业运营的逻辑,继而划分业务域、构建流程框架的基础上,中航电测进一步构建起业务架构与 IT 架构,实施开发了覆盖全业务域的一体化数字运营管理平台——Zemic_ZOS。本章以 Zemic_ZOS 如何支持业财一体、业管一体、战略与计划管控为核心做介绍。

第 6 章　数智工厂建设

在构建 Zemic_ZOS 后,进一步打造数智工厂。纵向按建设层级分为设备级、产线级、厂房(车间)级、工厂级;横向分为生产加工、仓储物流、智能建筑三大系统,分别通过 SCADA、WCS、DCS 软件系统与 Zemic_ZOS 相应业务域实现互联。

第 7 章　管理提升视角

本章对企业管理过程中的一些常用体系、方法和工具做了分析,对管理方法和工具的组合应用做了简要介绍。

第 8 章　数字化管理提升

本章从精益管理思想出发,通过整合各种管理体系、检查问题的视角与内容,探讨最大限度地消除浪费的路径;构建解决问题的工作步骤,快速解决现场问题,做好技术归零与管理归零;明确企业运营体系改进优化的目标方向,不断提升企业运营质量与效率。

第 9 章　员工成长管理

人员能力成长缓慢已成为制约企业发展的一大瓶颈,本章从知识工程顶层架构入手,期望打破人力资源管理的僵局,通过引才、育才、留才,实现企业转型升级,逐步建立学习型组织。通过促进各类员工成长,有效提高企业核心竞争力,实现可持续发展目标。

第 10 章 体系化治理

对于 IT 资产较重，目前无法推倒重构的企业，如何消除孤岛、打通数据链成了当前阶段关注的核心任务。制造业通过数据治理让领导看见数据是目标吗？多套软件间的数据如何交换？数字化体系如何构建？本章给出了破局的建议。

期望通过构建全业务域、全要素的管理体系，然后进行企业架构设计、IT 设计开发，来建设一体化的企业数字化运营管理平台，支撑制造业迈入数字化运营管理阶段；再通过与工业设计软件、生产产线、仓储物流系统及智能建筑系统的互联，打造数智工厂；最终进行跨企业部署，构建起支持集团化管理、跨企业供应链集成管理的工业互联网平台。

感谢在本书编写过程中给予帮助的领导、专家、同事与朋友，感谢相关参考文献的作者。

由于编者水平有限，书中可能存在疏漏和不妥之处，欢迎读者批评指正。

编　者

目　录

第1章　数字化逻辑思维基础 … 1
- 1.1　非逻辑思维 … 1
- 1.2　结构化思维 … 9
- 1.3　系统性思维 … 12
- 1.4　探索之路 … 14

第2章　数字化目标与路径 … 20
- 2.1　战略规划简述 … 20
- 2.2　运营体系顶层架构逻辑 … 24
- 2.3　组织绩效管理 … 27
- 2.4　数字化目标 … 29
- 2.5　数字化路径与能力 … 35

第3章　企业流程框架 … 38
- 3.1　流程分类框架 … 38
- 3.2　业务流程分类 … 42
- 3.3　管理体系整合 … 45
- 3.4　业务流程构建 … 48
- 3.5　流程与数字化 … 54

第4章　企业架构 … 58
- 4.1　企业架构概述 … 58
- 4.2　业务架构 … 60
- 4.3　IT架构 … 63
- 4.4　软件实施 … 69

第5章 数字化运营管理平台 ... 76
5.1 平台介绍 ... 76
5.2 战略与计划管控 ... 81
5.3 运营价值链 ... 83
5.4 管理一体化 ... 91

第6章 数智工厂建设 ... 103
6.1 背景简述 ... 103
6.2 建设目标 ... 105
6.3 建设方法 ... 108
6.4 建设案例 ... 117
6.5 建设效果 ... 122

第7章 管理提升视角 ... 126
7.1 管理提升视角概述 ... 126
7.2 质量管理体系分析 ... 130
7.3 质量管理工具分析 ... 136
7.4 项目管理逻辑 ... 146
7.5 管理方法和工具的组合应用 ... 148

第8章 数字化管理提升 ... 151
8.1 精益管理思想 ... 151
8.2 体系整合与应用 ... 155
8.3 发现与解决问题的工作步骤 ... 162
8.4 协同管理创新 ... 165
8.5 企业运营体系驱动 ... 168

第9章 员工成长管理 ... 172
9.1 职业发展通道设计 ... 174
9.2 能力模型与评价 ... 178
9.3 知识工程建设与应用 ... 181
9.4 能力提升训练实践 ... 188

9.5	绩效管理与职级调整	193
第 10 章	**体系化治理**	**198**
10.1	数字化建设常见问题	198
10.2	信息孤岛的形成	204
10.3	数字化路径分析	207
10.4	体系化治理发展趋势	211
10.5	多系统重构建议	215
参考文献		**219**
后记		**221**

第1章　数字化逻辑思维基础

逻辑，即思维的规律与规则。

逻辑思维，即抽象思维，是人们在认识过程中借助于概念、命题、判断和推理等形式，运用分析与综合、分类与比较、归纳与演绎、抽象与概括等方法，对丰富多彩的感性事物进行去粗取精、去伪存真、由此及彼、由表及里的加工制作以反映现实的过程。

依据霍尔模型，人的能力可以划分为逻辑维、时间维、知识维，而我国的教育整体偏重于知识维，对如何运用知识去解决问题的逻辑维能力训练欠缺，而这恰恰成为制约企业员工能力提升的瓶颈。

企业缺乏顶层逻辑思考，没有顶层架构，最终会导致产生各种"孤岛"，使得整个体系支离破碎，无法发挥系统"1+1>2"的作用。

企业是一个有机的整体，各种体系建设与经营活动必须按系统的思维来统筹规划，层层分解为一系列子系统，然后分步实施；各子系统间相对独立，但又相互联系与作用。

1.1 非逻辑思维

1.1.1 非逻辑思维之根源

1. 怀疑论

多数情况下，对事物持有怀疑的态度是正常的，它是我们探索与解决问题的前提基础,这里说的怀疑论是指中/重度怀疑论,对某些事物自我认知不足,或有偏见甚至走向极端。

示例:目前有这样一种矛盾心理,一方面针对高端制造业数字化转型苦苦求索,各种现有方案落地困难,需要寻找新的路径;另一方面,如果有人另辟蹊径找到了好的方案,又会受到太多的怀疑:可能吗?不符合现有的理论啊!

启示:新生事物、改革创新成果出现的初期,往往会因为大量的"怀疑"甚至"质疑"而步履艰难;而如果轻信,则又往往容易出现偏差,所以需要有基于逻辑的甄别能力。

2. 否定论

对超出自我认知范围的事物,轻易否定,甚至断章取义,不去从整体上理解对方意图,便轻易否定其中某部分内容。

示例:在数字化转型中,流程设计人员介于 IT 与业务人员之间,是两者沟通的桥梁,但往往受限于对 IT 和业务理解不足,而不能充分发挥应有的作用。常见论调是"流程人员不精通业务,很难设计出有效的流程,但让流程人员精通业务,几乎是不可能的,所以'我们'只负责设计流程,业务逻辑关系得由业务人员给我们梳理与提供。"

启示:在否定时,是否该取消"们",只留下"我"呢。

3. 盲目乐观

对自己的能力估计过高,或对未来的困难估计不足,就会导致判断错误。

示例:某 IT 方案很宏大、很自信,但实施时无能力前行;自认为方案很先进,但由于对市场研究不够深入,理解能力有限,实际上是走别人的老路而已。

启示:了解市场、掌握动态,脚踏实地、实事求是。

4．情感误导

情感上的偏爱，或对某人或某事的偏见，导致了分析结果的错误。

示例：某人在自己提出的IT开发方案可能被他人的方案替代时，从情感出发去寻求支持自己的理由，偏离了客观实际，在研讨会上进行方案论证时，原本应该基于事实的理性辩论，演变成了一场非理性的争吵。

启示：要基于事物本身的逻辑，客观公正地看待与处理问题。

5．推理前提错误

在逻辑推理时，若前提不真，推导的结果便自然出错。

示例：某企业B从国外企业A引进一套先进体系，经实践适合企业B并实施成功；企业C的业态与企业B很相似，所以只要企业C学习企业B的体系并坚持就一定能成功。

启示：这是三段论推理，但依据三段论的集合分析法去推论，只要A包含或类同B，则B便有了A的属性；B包含或类同C，则C有B的属性。试问：企业C的业态与企业A也很相似吗？

6．归纳以偏概全

归纳总结时，对问题没能全面理解、覆盖，致使遗漏。

示例：A、B、C公司各用不同路径、方法，花费巨资，做了多年仍未解决数据孤岛问题，所以这个孤岛问题大家都解决不了。

启示：方法以外还有方法吗？大多数人走不通的路对吗？

7．目光短浅

看问题的视野窄，只见树木不见森林；对未来的洞察能力弱，只看眼前不看长远。

示例：企业经营者可能会在重眼前利益的KPI考核体系引导下，将布局长远变成一句口号，急功近利的心态会使IT规划与建设这样重大的战略与行动偏离方向，使企业失去持续发展的动力。

启示：IT建设是长期持续的过程，伴随着企业成长的整个生命周期，需整体设计，打好基础，步步推进。

1.1.2 非逻辑思维之表现

以员工接受日常工作安排时的常见现象为例。

1. 不会倾听

在领导、同事交代或交流问题时，只顾自己说话，不去用心倾听与领会对方的意图，造成沟通障碍，易导致目标偏离。

2. 目标偏离

接受任务时，对任务的目标理解不清楚，甚至理解错误，便盲目动手，会导致整个工作白费力气，甚至推倒重来。

示例：中航电测Zemic_ZOS已全面上线运行，成为企业全业务域一体化数字运营管理平台，其运营流程与AOS（AVIC Operation System，中国航空工业集团有限公司运营管理体系）流程同步迭代保持一致。目前，需要将线下的GJB 9001质量认证体系文件、AOS管理体系文件进行整合，并与线上保持一致，需重新编制一份线下体系文件。

思考：线下体系文件整合本身是工作的目标吗？最终目标是什么？

3. 路径不当

方法、路径选择不当，会使我们事倍功半，甚至导致失败。

示例：线下体系文件整合工作，在没有提供文档模板的情况下，直接分配给各相关业务域负责部门去编制。

思考：各承担单位有能力整合吗？各业务域间的关系怎样？跨部门的要素有哪些？

4．方案不周

缺乏系统的逻辑思考，逻辑结构不清，上下文关联性差，关键要素遗漏。

示例：线下体系文件，按照 GJB 9001 体系编写要求应该由哪几部分构成？总体与局部的关系怎样？纵向分解与横向推理的关系怎样？与 AOS 如何融合？与装备发展管理部门推行的 NQMS 是什么关系？

5．项目管理弱

缺乏项目管理训练，缺乏对项目管理各要素逻辑关系的理解，对项目启动、规划、执行、监控、收尾五大过程缺乏管理能力。

1.1.3　八大消极思维定式

定式效应是指有准备的心理状态能影响后继活动的趋向、程度以及方式。

八大消极思维定式：习惯思维定式、从众思维定式、权威思维定式、书本思维定式、自我中心思维定式、直线思维定式、自卑型思维定式、麻木型思维定式。它们制约着我们能力的提高与企业的发展。

1．习惯思维定式（经验型）

随着人的知识、经验的积累，形成了一定的思考问题、解决问题的习惯方式，是潜意识的反映，如鸟笼效应就是惯性思维作用的结果。

一种思维长期重复→养成习惯→形成性格→性格决定命运。

- 我们原来都是这么做的，所以就应该这样做。
- 在组织中试图改变某些具有极端性格的人（小心眼、极内向、极张狂、偏执、自私等）有多么困难。
- 若你想改变原有 IT 系统建设与操作习惯，或做研发体系变革，是否会感到阻力重重？

2．从众思维定式

从众思维定式是指人们因懒于独立思考，或不敢标新立异而盲目从众，一切随大流，抑制了创新的敏感和勇气。

● 大家都是这么做的。

示例：很多公司都在用某研发需求管理软件，所以我们也需要购买该软件进行需求管理。但我们搞清楚需求应该怎么收集、整理、分析、传递和控制吗？需求要素由哪些构成？用 Excel 表格能填写清楚吗？若 Excel 表格填写不清楚，需求管理软件能管理清楚吗？需求管理软件中管理的要素与研发过程管理软件如何结合呢？

3．权威思维定式

权威思维定式是指迷信权威，不敢怀疑权威的理论或观点，一切都按照权威的意见办事。

（1）过度依赖企业内部和外部权威的理论与观点，失去独立思考与创新力。

（2）不管权威的理论是否成熟可用、是否适合自己，不加思索地盲目追随，导致一些工作半途而废。

（3）盲目学习标杆企业，只取其"形"，没有学习其"神"。

4．书本思维定式

书本思维定式是指人们迷信书本上的理论，不敢提出质疑，不能纠正前人的失误，不敢做新的探索。

（1）书本知识是对客观事物内在本质和一般规律的提炼、概括和总结，但在实践中必须结合具体的情况和条件吸收、转换与应用，要具体问题具体分析。

（2）注意书本知识的时效性、不同场景应用的适应性，如果一切照搬书本，而忽略实际情况，则有可能导致失败。

（3）要活学活用，领会其"神"，汲取精华为我所用；纸上谈兵、空谈理论不能解决实际问题。

5. 自我中心思维定式

自我中心思维定式是指人们一叶障目，不见泰山，局限在自己已有知识或成果的范围内，思考问题时以自我为中心，目光短浅。

- 因为我是对的，所以不听你的。
- 因为我做不成，所以别人也做不成。
- 因为我所在的单位是同行中最好的，所以我的方法也是最好的。
- 因为这样的方法/路径/成果我没听过、没见过（超出自我认知范围），所以有人说做成了那是不可能的。

要学会倾听与思考、开阔视野、敞开心扉；

要明白人外有人、山外有山、天外有天。

6. 直线思维定式

直线思维定式是指死记硬背现成答案，生搬硬套现有理论，不善于从侧面、反面或迂回地思考问题。

（1）面对听到、看到的信息，不认真思考与辨析，简单传播；嘴比脑快、手比嘴快。

（2）面对复杂多变的事物，仍用简单的直线方式去思考，甚至断章取义、漏洞百出。

示例：在中航电测"立项可行性分析报告"模板中，有"关键技术"这一节，在使用该模板编写"关键技术立项可行性分析报告"时，还需要"关键技术"这一节吗？

启示：使用模板时要懂得模板编制背后的逻辑，针对不同的应用情况需要适当裁剪与补充。

7. 自卑型思维定式

自卑型思维定式是指在自卑心理的支配下,不敢去做没有把握的事情,即使是走到了成功的边缘,也因害怕失败而退却。

示例:中航电测研发体系改革初期,整体研发能力弱,缺乏自信,许多人认为很多事情我们做不成:目前的数据动态采集处理技术不行,企业信息化系统开发太复杂,我们做不了,自动化产线技术太难,我们弄不了……

结果证明,当初认为做不成的事基本都做成了,现在有了集体自信:别人能做成的我们也能做成,别人做不成的我们也要争取做成!

8. 麻木型思维定式

麻木型思维定式是指人们对生活、工作中的问题习以为常,精力不集中,思维不活跃,行为不敏捷,不能抓住机遇,更不会主动面对困难,迎接挑战。

示例:某单位的业务量随着市场需求的快速增长而增长,但由于研发管理能力弱及人力资源紧张,产品质量问题频发,客户意见很大。

(1)产品开发部门在收到客户的反馈意见后很着急,但加班加点仍然无法满足客户需求,且问题日趋严重。

(2)客户开始变得急躁、愤怒,客服表示无奈,开发人员长时间加班后变得疲惫和麻木。

(3)客户再三催促无果后渐渐失去耐心,降低催促频率,客服人员因客户催促不急便开始松懈,懒得传递信息给开发人员,开发人员以为问题已得到解决不再关注。

(4)结果是客户丢失,客服与开发人员再也不用为客户的意见发愁了。

最后,让我们再思考一下上述思维定式的怪圈:

因受惯性思维、从众思维、权威思维等的影响,一旦遇到一项由权威传播的不当路径,或只适合某种特定环境下的路径,便常常会在公众盲目随从下形成大众化思维与惯性思维。这会造成在外面的人努力想往里跳、里边的人努力想往外跳的怪圈,且前赴后继难以阻挡。

1.2 结构化思维

逻辑思维类型的划分方法与种类很多,图 1-1 所示是一些常用逻辑思维举例,本节将重点讲解结构化思维。

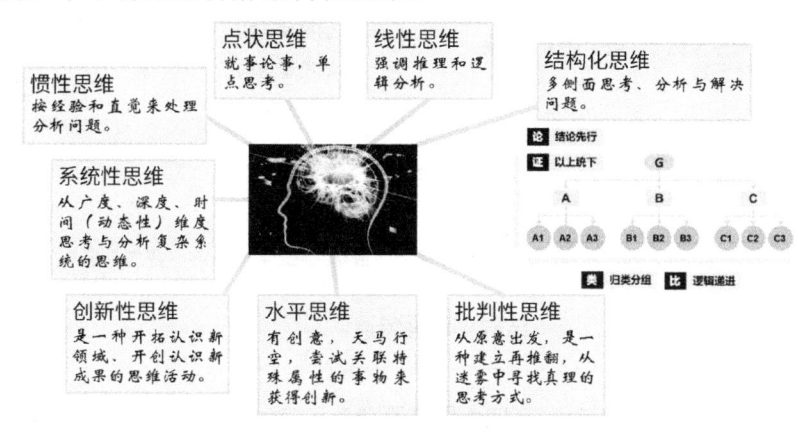

图 1-1 常用逻辑思维举例

1.2.1 结构化思维的概念

结构化思维(Structured Thinking),强调在面对工作难题时,从多个侧面思考,深刻分析问题原因,系统制定行动方案,以得到最佳效果的思维方式。结构化思维分为结构化思考与结构化表达(见图 1-2),它以假设为先导,强调快速、系统地解决问题。

1.2.2 结构化思维的特点

在表达问题时,要求先构建框架再逐步细化,构建的框架要逻辑清晰并符合四大原则(以始为终、MECE 原则、分析分解、二八原则),如图 1-3 所示。

图 1-2 结构化思维

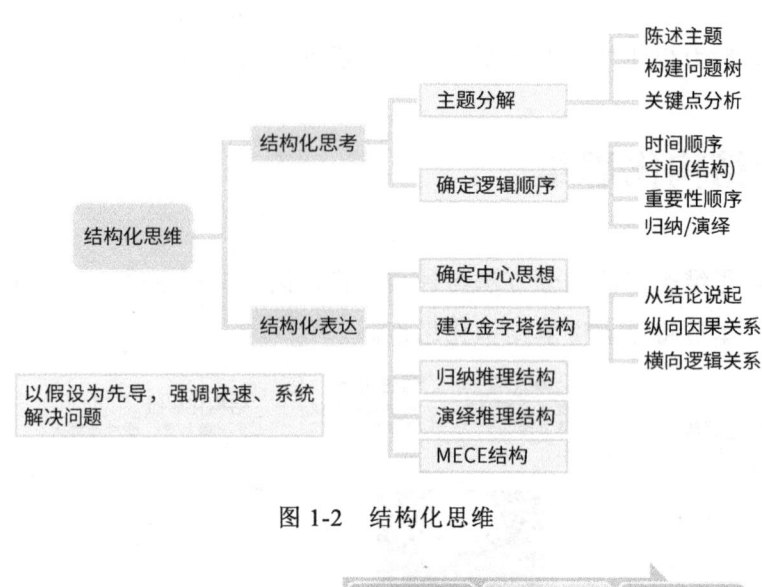

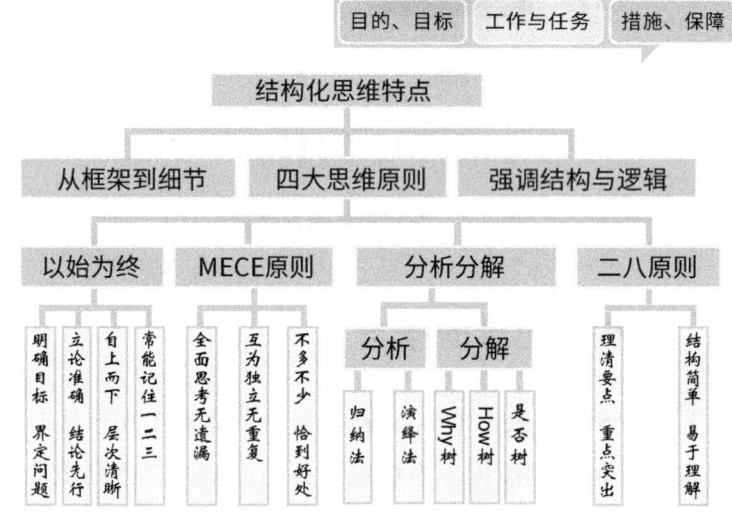

图 1-3 结构化思维的特点

1.2.3 结构化表达的原则

1. 表达的总则

文章一般分为"总-分"(见图 1-4)、"分-总"和"总-分-总"三种结构方式。所谓"总"就是文章的总起或总结，是文章的中心思想；"分"指的是分层叙述。

"总-分-总"是写作过程中解析文章的一种结构，开头提出论点（总），中间若干分论点（分），结尾总括论点（总），几个分论点之间既可以是并列关系，也可以是递进关系。这是写作中常用的叙事结构。

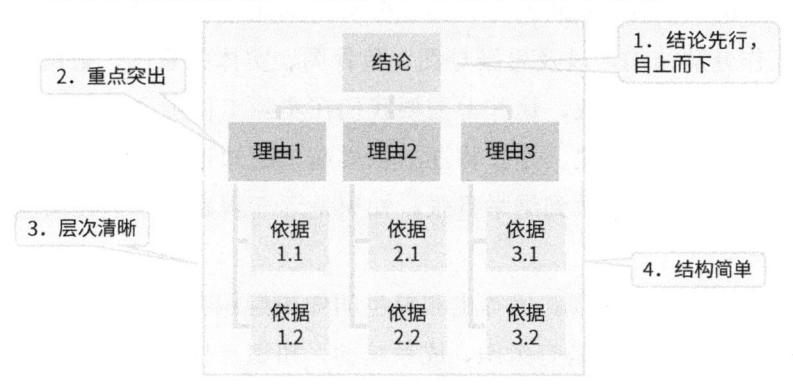

图 1-4　结构化表达的原则

"总-分-总"的结构是先抛出文章的中心思想，在一开始就将文章要点交代清楚，使读者能在最短时间内了解文章最重要的信息，有效地稳住读者的阅读情绪；再分层叙述，逐层深入；最后对文章加以总结，与开篇内容遥相呼应，使文章脉络互相贯通，每一部分既各有特点又紧密联系。

2．表达的分则

（1）结论先行，自上而下。先叙述背景与抛出问题构成"论点"，再自上而下阐述理由（或内容、方案等）。

（2）重点突出。阐述理由时，分类要符合 MECE 原则，但需要从中选择重点理由加以阐述，做到理由充分让人信服即可，无须面面俱到。

（3）层次清晰。理由可以层层向下分解，但层与层间的分解关系，同层级间的逻辑关系要清晰明了。

（4）结构简单。面对复杂问题，需要高度总结提炼，简单化表达。

1.2.4 结构化分析工具

我们学习过许多结构化分析工具，如市场分析用的 SWOT、3C、PEST、QCD 等，发现与解决问题用的 Why 树、How 树、是否树、5W2H、5Why、SMART、决策矩阵、PDCA 等；其他分析工具还有项目管理中广泛使用的 WBS 工作分解结构，以及思维导图、鱼骨图、实体关系图、数据流图、时序图等。工具数不胜数，这些都需要我们在实际工作中去选择使用。

总之，所谓结构化，是指将逐渐积累起来的知识加以归纳和整理，使之条理化、纲领化，做到纲举目张。知识是逐渐积累的，但在头脑中不应该是堆积的。

- 心理学研究发现，优等生和差生的知识组织存在明显差异。优等生头脑中的知识是有组织、成系统的，知识点按层次排列，而且知识点之间有内在联系，具有结构层次性；而差生头脑中的知识则水平排列，是零散和孤立的。
- 结构化思维对知识学习具有重要作用，因为当知识以一种层次网络结构的方式进行存储时，可以大大提高知识应用时的检索效率。
- 结构化思维对企业数字化运营体系构建中运营逻辑、流程框架、企业架构、IT 设计、运营维护等阶段的需求梳理与表达至关重要。

1.3 系统性思维

1. 基本概念

系统性思维，是人们运用系统观点，把物质系统当作一个整体加以思考的一种思维方式。

整体性原则是系统性思维的核心。这一原则要求人们无论干什么事都要立足整体，从整体与部分、整体与环境的相互作用过程来认识和把握。

系统性思维是一种思维方式，要培养这种思维意识，并逐步转换为大脑的思维活动，即开展系统思考。

2．系统思考缺乏症

（1）机械地应对，专注于事件层面的响应，而并未触及问题产生的根源。

（2）很多问题的成因似乎很复杂，各种因素相互影响，难以理出头绪。

（3）很多对策并未抓住问题的本质，只是治标不治本的"症状解"；或者没有全面解决问题，导致按下葫芦浮起瓢，到处救火、应接不暇。

（4）很多决策反而产生了一连串的副作用，使局势更加恶化。

系统思考能力的缺乏，会让我们只见树木，不见森林；只看现象，不见本质。

3．系统思考的重要性

（1）系统思考是应对复杂性挑战、做出睿智决策、与系统共舞的核心技能。

（2）只有看清系统的结构，认识到系统自身恰恰是问题的根源，找到重塑系统结构的勇气和智慧，问题才能真正得以解决。

4．系统的特性

（1）目的性：确定一个或多个目标。

（2）集合性：至少由两个或两个以上可以相互区别的要素组成。

（3）独立性：每个系统都有自己的边界，保持相对独立。

（4）相关性：内部既分工又合作，因果互动。

（5）整体性：研究系统结构与功能关系，提高系统整体性能，即"1+1>2"，并使其最大化。

（6）开放性：与环境相互作用，相互依存，即系统内部相互作用，系统外部与其他系统连接。

（7）层次性：大系统可以包含小系统，形成上下层次关系；同时还要考虑同层级的左右关系。

（8）动态性：需要适应信息流、物质流、能量流、资金流等的动态变化，如自然环境变化，发展过程中政策、标准、需求等的变化。

（9）自适应性：有些系统还具有自适应性，如生命系统。

5．系统集成

运用系统思想，依据用户需要，优选各种技术和产品，将各个分离的子系统连接成一个完整、可靠、有效的整体，使之能彼此协调工作，发挥整体效益，达到整体性能最优化。

6．系统工程（Systems Engineering，SE）

将整个系统作为研究对象，从系统的整体出发，采用最合理、最经济、最有效的组织管理方法和技术进行系统集成，达到系统的目的，如数字化转型方案、研发体系建设等。

关键：使系统整体达到最优化。

例如，运用系统思想，集成各种技术、方法、工具要素，逐步开发与实施支持企业全业务域一体化数字运营管理的平台，支持数智工厂的建设，这就是SE。而如果使用碎片化的思维，即使应用再高级的模型去表达，其结果也只是碎片化的工程，而非SE。

1.4 探索之路

中航电测是中国航空工业集团有限公司旗下的上市公司，从事军品、民品的研发与制造。随着企业的发展与规模的壮大，企业管理难度日益增大；尤其是上市后，秉承"内生式增长与外延式扩张"的发展思路，产业链逐渐延长，产品层级从元器件级到成套系统集成设备，传统的管理手段已无法跟上发展需要，两化融合的道路虽努力前行但仍被数据孤岛所困，未来智能制造之路仍要不断探索。

1.4.1 管理难题徒增忧

中航电测是一个致力于成为世界电测先锋的企业，其组织机构分布见图1-5。

第1章 数字化逻辑思维基础

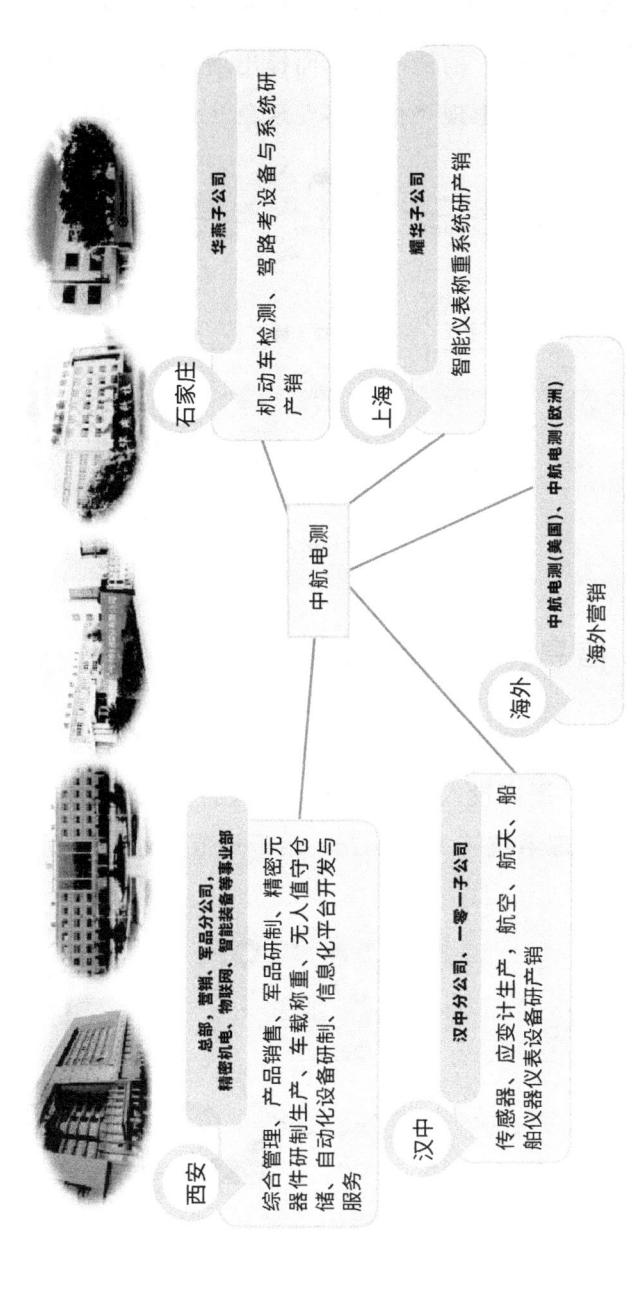

石家庄 华燕子公司：机动车检测、驾路考设备与系统研产销

上海 耀华子公司：智能仪表称重系统研产销

海外 中航电测（美国）、中航电测（欧洲）：海外营销

西安 总部、营销、军品事业部、精密机电、物联网、智能装备等事业部：综合管理、产品销售、军品研制、器件研制生产、精密元器件研制、车载称重、无人值守仓储、自动化设备研制、信息化平台开发与服务

汉中 汉中分公司、一零一子公司：传感器、应变计生产、航空、航天、船舶仪器仪表设备研产销

图 1-5 中航电测组织机构分布

15

在 2010 年上市前的企业快速发展阶段，缺少生产运营及研发管理工具，表现为生产过程"纸传纸"，管理流程"人找人"，研发资料"表连表"，导致各个环节出现"忙"的情况，从而提出增加人数，人数的增加又直接加大了管理难度，于是出现"忙循环"现象（见图1-6）。

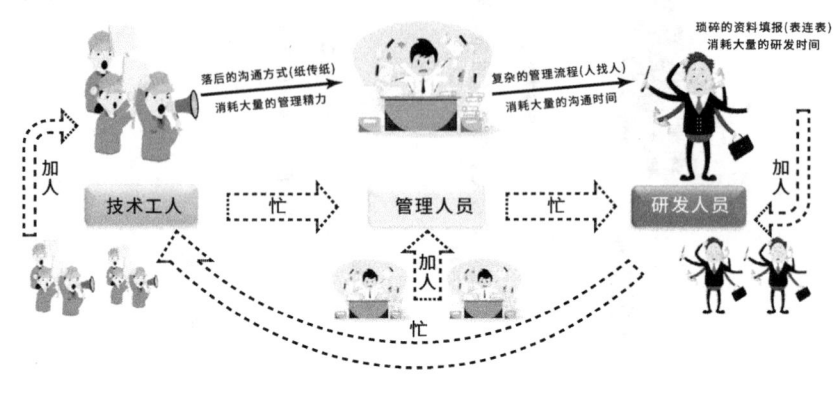

图 1-6　传统作业方式下的忙乱

1.4.2　信息化建设困孤岛

2010 年后，加大了自动化单机设备投入力度，缓解了员工的劳动强度，提高了生产效率；逐步投入上千万元，实施了 ERP、MES、PDM、OA、CRM 等信息化管理系统（见图 1-7），用于规范各业务流程。

图 1-7　信息化应用系统实施

信息化的推行提升了工作效率，且多系统集成在理论上能解决数据孤岛问题，为后期的数据统计分析应用与智能决策分析奠定了基础，可谓两全其美。但实际上，打破数据孤岛需要沟通多个厂家，各系统间数据结构差异大，数据冗余、缺失、接口变动情况时时困扰着后续数据应用，甚至还需要在各系统间导数据、打补丁或进行字段筛选调整，最终为做一个报表需要耗费大量精力，且稳定性极差。

最后不禁发出了这样的疑问：我们到底是在为信息化服务，还是信息化在为我们服务？

1.4.3 智能制造路在何方

历时 5 年多，上千万元的投资和建设，最终还是不能满足一张报表的实时、自动生成。数据在人与人、人与系统、系统与系统之间传递的过程中，可靠性、实时性大打折扣（见图 1-8）。

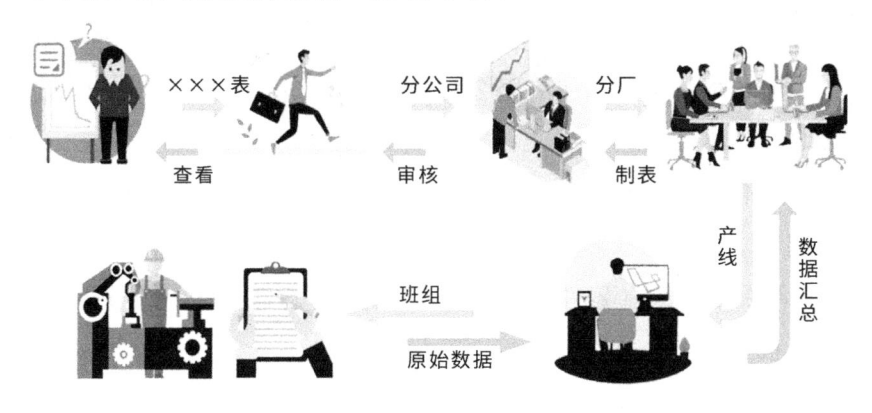

图 1-8 传统信息化条件下的报表传递

两化融合的问题还未有效解决，智能制造的浪潮已经席卷而来，下一步如何做？

信息化如何结合企业实际运营需要而落地？众多流程都需要逐一进行信息化固化吗？大量末端流程画起来工作量大，且通用性差、变动大，变动流程后的信息化变更如何快速、低成本地响应？

不同于主机厂的长生命周期流程，部件供应厂商一些项目与研发流程的生命周期常常很短（如主机厂是一个项目干几年甚至十几年，而部件厂是一人干多项目），很可能流程完善之日便是流程生命周期结束之时。如何适应快速变化下的流程控制？信息化如何才能有效地支撑企业运营，不断助力管理提升？

带着这样的疑问，开启了我们的探索之旅。

1.4.4 梦想起航

随着中航电测 2011 年收购上海耀华称重系统有限公司股权，2012 年并购石家庄华燕交通科技有限公司，2014 年并购汉中一零一航空电子设备有限公司，产业形态变得更为复杂。

（1）汉中分公司（元件级产品）：生产测力应变计、传感器，应变计日产 10 万～20 万片，传感器日产 3 万～5 万只。

（2）精密机电事业部（器件级产品）：精密电磁阀、宝石游丝加工。

（3）上海耀华称重系统有限公司（仪表级产品）：电子秤仪表、工业控制仪表等，年产 200 万台以上。

（4）汉中一零一航空电子设备有限公司（器件到系统级产品）：传感器及飞机配电。

（5）军品分公司（器件到系统级产品）：传感器、直升机吊挂、飞机驾驶舱、飞机重量重心称重系统。

（6）物联网事业部（系统级产品）：车载称重系统及软件平台、无人售货柜、无人值守仓库。

（7）智能装备事业部（系统级产品）：DWS 物流分选系统、流程工业称重系统。

（8）石家庄华燕交通科技有限公司（系统级产品）：汽车检测设备及联网系统、驾路考设备及联网控制系统、政府监管用网络平台。

（9）营销分公司：市场营销策划及各种产品销售。

第1章 数字化逻辑思维基础

我们的思考：

面对如此复杂的产业层级分布，如何基于企业运营的内在本质逻辑构建起一套支持集团化运营的高效管理体系，并用一套统一、完整、流畅的数字化平台来支持运营，且可以不断迭代优化，助力我们走向智能制造。

为减少软件版本维护工作量，能否构建起一套通用软件，通过配置与选项来满足不同企业形态的信息化需求？

我们的行动：

2016年，启动研发体系改革，打造Zemic集成产品精益研发流水线（LIPD）。

2016年，基于石家庄华燕交通科技有限公司近20年的"信息化运营系统"自主开发与实践经验，搭建适合集团化管理的企业运营体系，并进行统一架构下的中航电测企业数字化运营管理平台（Zemic_ZOS）的开发。

2017年，开始构建人员培训体系，实施每年为期15周的新大学生入职培训（以技能为主）、在职技术人员的系列培训（以逻辑思维与项目管理为主），使能力得以快速提升。

2018年，汉中分公司作为试点单位，推进Zemic_ZOS全面运行，并启动日产2000只的L6d型传感器自动化产线自主设计开发。

2019年，汉中分公司L6d型传感器自动化产线正式投产运行，大幅提升了生产效率与质量，并与Zemic_ZOS对接，实现了排产及工艺数据的下传、产品测试数据/工作与设备状态/环境状态数据的上传，为质量管理、设备运行状态管理、绩效管理等智能决策分析系统提供了较完整的基础数据，中航电测的"智能制造"自此起航！

第 2 章　数字化目标与路径

研发制造型企业的数字化与互联网企业的诉求有着显著的差异。首先要明确企业的目标是做好产品全生命周期管理，盈利核心点仍然是产品，需要借助于数字化运营管理平台建设，实施对企业的过程管控，助力企业管理水平提升，以实现可持续发展。

为此需要厘清企业运营中战略规划、企业运营价值链、管理支持业务之间的关系，分析如何从战略的制定到层层分解执行，并监控运营的效果，进行组织绩效管理；通过战略回顾、研讨、纠偏、迭代等一系列顶层管理活动，去宏观管控企业运营；通过系列计划的细化分解与执行监督以及现场问题的快速发现与解决，去实施精细化管理。

2.1　战略规划简述

2.1.1　战略规划的目的

战略规划是指企业对重大的、全局性的、未来的目标、方针、任务的谋划，属于企业大政方针的制定。它所规划的范围涉及大方向、总目标及其主要步骤、重大措施等方面。

1. 战略规划的主要目的

（1）剖析外部环境。

（2）了解内部优势和劣势。

（3）迎接未来的挑战。

（4）明确未来的目标及方向。

（5）使各成员明白企业的目标。

（6）保障更高的成功概率。

2．注意事项

（1）要用总揽全局的战略眼光，全面把握事物发展的大方向、总目标；立足全局，着眼未来，从宏观上考虑问题。

（2）规划长远目标与确定短期任务紧密结合。

（3）增强战略规划的预见性。

2.1.2 战略规划中的基本概念

1．战略愿景

愿景就是描绘一个企业未来的样子，是规划者或参与方在宏观战略层面上就期望达到的单个或诸多目标而进行的综合设想，是能够指引员工前进的理想前景。

愿景有助于确定发展目标，发展目标为实现愿景服务。

2．发展策略

发展策略是指为了实现战略目标与愿景，需要制定宏观路径方案，是企业最终实现目标的指导思想。

3．战略目标

战略目标是要回答企业未来要分阶段达到一个什么样的状态，是即将实现或未来能够通过努力争取实现的规划。

在企业发展壮大后，众多企业的目标已远远超出了经济范畴，如航空工业作为国之栋梁，肩负着航空报国的使命。

（1）按时间可分为当前目标（如当年）、短期目标（1~3年）、中期目标（3～5年）、长期目标（5年以上）。

（2）按整体与局部可分为总部整体目标、分（子）公司目标、部门目标等。

（3）按职能可分为销售目标、研发目标、生产目标、财务目标、人力资源目标等。

（4）按管理层级由高到低可分为高层战略目标、中层职能目标、基层作业目标等。

4．业务战略

业务战略是企业中某一个业务经营单位制定的，用以解决该业务经营单位在其领域内取得竞争优势的战略。业务战略是基于市场营销、研发、生产制造、产品交付、客户服务和采购供应等运营价值链获取竞争优势，以确定相应的实现路径的整体谋划。简而言之，就是要确定本业务经营单位要布局哪些核心业务、新兴业务和种子业务，产品定位是什么，市场和客户在哪里，如何布局国内或国际市场运营，如何构建产业链协同，最终突出形成哪些核心能力和竞争优势，以及所采取的业务举措和里程碑节点等。

5．职能战略

职能战略又称职能支持战略，是按照企业总体战略和业务战略，对企业内各方面职能活动所进行的谋划，是为贯彻、实施和支持企业总体战略与业务战略的实现，而在特定职能领域进行的战略设计和安排。最终确定企业未来发展需要什么样的能力、配置什么样的资源，以支持企业目标的实现，如在人力资源、市场营销、质量管理等方面，需要采取什么样的策略和措施，保障业务战略能够落地。

2.1.3 战略规划的制定

1．战略规划框架

针对集团化企业，战略规划可分为总部级和业务经营单位级，如果你所在企业是单体企业，则没有总部级的战略规划。战略一般由愿景、战略目标和业务方向组成，如图 2-1 所示。

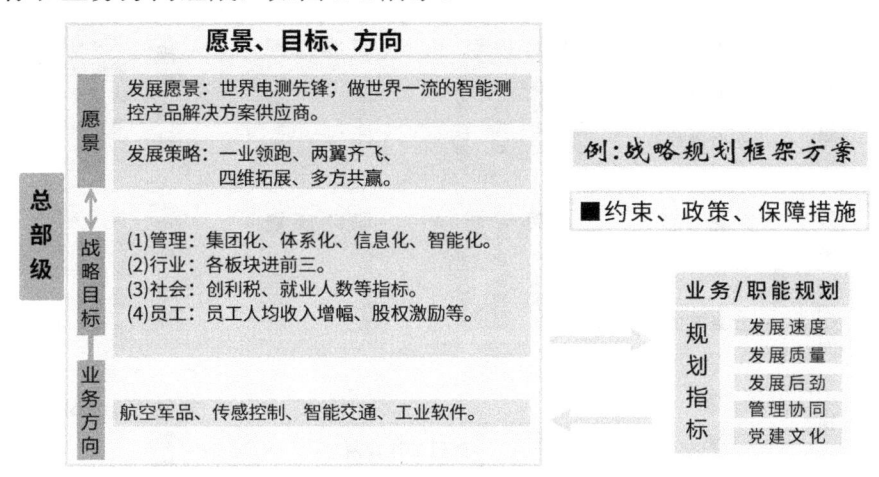

图 2-1 中航电测战略规划框架方案

（1）愿景确立后，管理者应在企业开展广泛宣传，以激发内部士气，并应分解落实为企业的中长期目标和行动方案，即形成企业的战略目标。

（2）企业战略目标的实现需要业务的支撑，因此在确立战略目标后，企业管理者应对企业未来的业务发展方向进行明确。

战略属于宏观层面的构想，需要企业一系列的运营管理活动（如市场营销、生产制造、研发等），以及管理支持活动（如人力资源、财务管理等）在战术层面上对战略的实现予以保障和支撑，并通过设定的规划指标（如发展速度、发展质量等），对战略目标的实现情况进行记录与反馈。

2．战略分解与执行

如图 2-2 所示，总部级的战略规划向下属分（子）公司、事业部进行分解；同理，分（子）公司、事业部级的战略规划，也需要运营管理和管理支持活动的保障支撑，并通过 5 个维度的指标进行监控和反馈。

分（子）公司、事业部战略规划要进一步向下分解，分解至执行级，将战略规划的内容按照业务域划分，再由职能型组织内部设立的各个职能部门承接，转化为各职能部门的年度工作计划，并通过计划完成率、工作效果评价等对其执行情况进行记录与反馈。

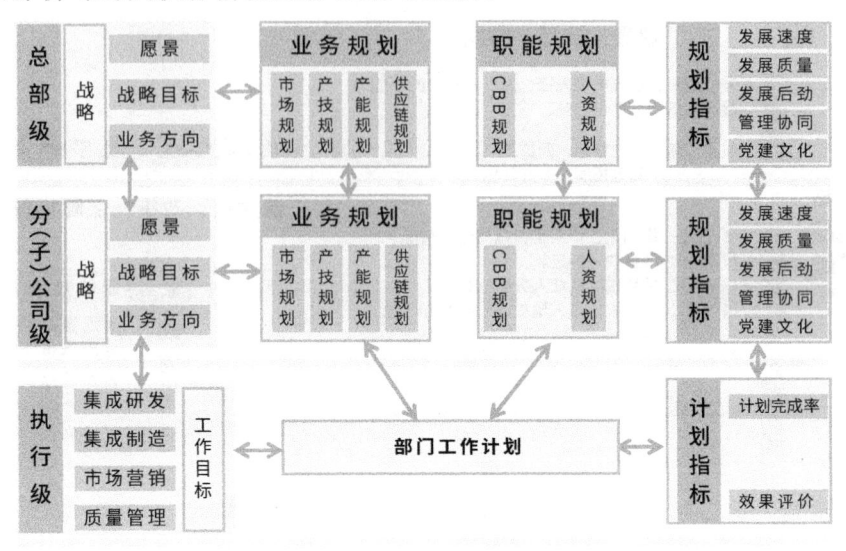

图 2-2 战略规划分解图

2.2 运营体系顶层架构逻辑

为了实现战略目标，企业需要构建一套完整的运营体系予以支撑。战略规划用来实现对企业战略目标的管控；运营管理用来帮助企业打通从订单到交付等端到端运营主价值链；管理支持用来为企业的各项经营活动提供保障支撑，确保企业实现战略目标。

2.2.1 企业运营体系与数字化关系

在当前的数字化和智能化时代，企业面临的生存环境是复杂多变的，传统的管理手段已经局部失效，数字化是必然趋势，也是目前成功企业的制胜因素。

为了实现企业数字化目标，需有支持运营体系流程运行的IT系统。IT

系统支持流程运行、结果检查和数据记录，为战略规划提供执行保障。

图 2-3 给出了企业运营体系与数字化的关系（战略→运营体系→流程与架构→数字化实现）。

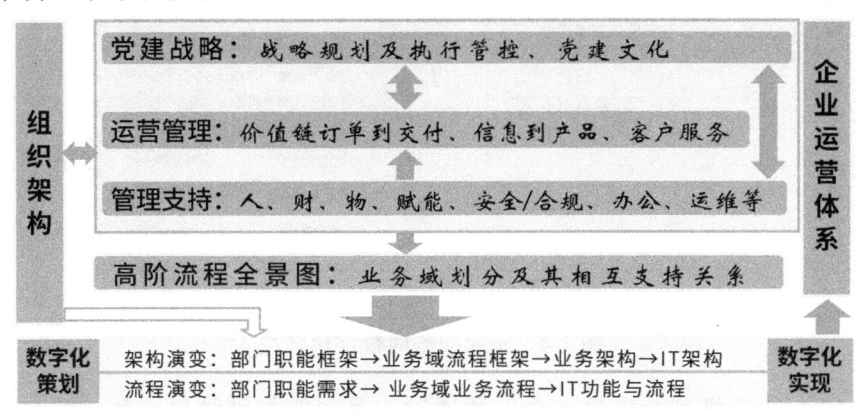

图 2-3　企业运营体系与数字化的关系

2.2.2　战略规划在 Zemic_ZOS 中的执行管控

为了更好地对企业战略规划进行管控，Zemic_ZOS 系统有"战略规划"业务域，对企业的规划进行有效的分解、执行、监控和记录，并为企业战略规划的执行落地提供一套数字化解决方案。

战略规划可分解为运营主价值链的业务规划、管理支持活动的职能规划，并结合上级部门要求分解与制定年度经营计划，再分解下达月度甚至周工作计划至各职能部门。企业战略的数字化管控如图 2-4 所示。

以中航电测为例，总部级战略规划制定后，再由各业务经营单位根据业务定位，对相关内容进行分解，不论是总部级战略规划，还是各经营单位级的战略规划，都由业务规划和职能规划组成。

1．业务规划

业务规划主要包括财务预算、营销规划、产技规划、产能与供应链规划等。

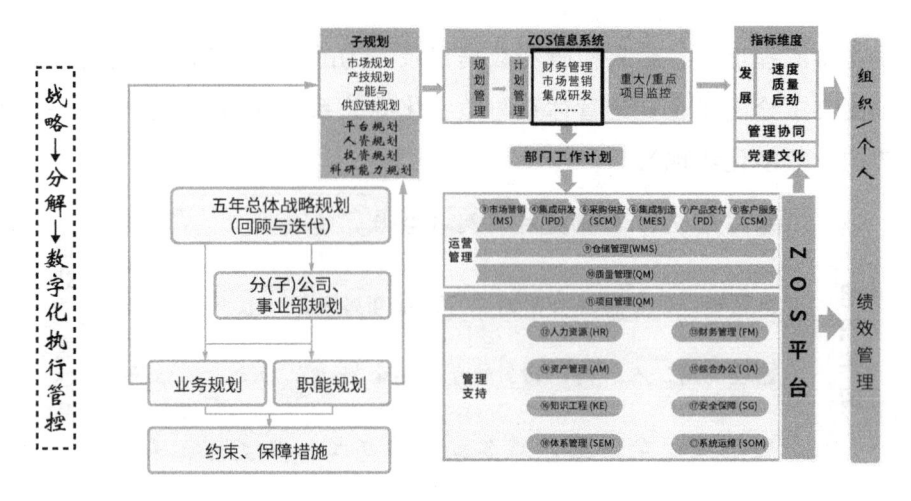

图 2-4 企业战略的数字化管控

（1）业务规划制定后，企业要通过一系列的规划管理活动，把它按照时间维度分解为年度计划，并以此作为年度绩效考核依据，确保各项规划能够得到有效落实与执行。

（2）规划分解为年度计划后，分别纳入财务管理、市场营销、集成研发、集成制造等业务模块进行运行监控与反馈。

（3）运行形成执行结果与记录，主要包括发展速度、发展质量、发展后劲等一系列量化指标。

目前，由于大多数企业以职能化管理组织为主，因此在业务规划分解为年度计划后，按照各职能部门的职责，分别由各部门承担对应的工作内容，形成部门工作计划，并根据业务属性，纳入不同的业务域进行工作监控，形成工作记录，作为业务规划执行结果的反馈。

2. 职能规划

职能规划在执行过程中被分解为各项重点工作，并纳入战略规划业务模块进行监控，形成的执行结果主要是管理协同和党建文化维度的一系列评价结果。

在企业运营过程中，通过一系列的活动使得战略规划得到有效执行，形成发展速度、发展质量、发展后劲、管理协同和党建文化等 5 个维度的各类指标结果。

2.3 组织绩效管理

2.3.1 组织绩效管理的概念

制定企业战略规划后,就需要执行企业的战略,保证各业务经营单位和员工能达到自己的目标,从而支撑组织总体目标的实现,而这就是组织绩效管理,可以说企业的战略是通过组织绩效管理来实现的。

(1) 组织绩效是指在一定时期内整个组织所取得的绩效。

(2) 绩效管理是通过对企业战略的建立、目标分解、业绩评价,将绩效结果用于企业日常管理活动中,以激励员工业绩持续改进并最终实现组织目标以及战略的一种管理活动。

(3) 绩效按照实施主体分为组织绩效和个人绩效。组织绩效的实现有赖于个人绩效的实现,但个人绩效的实现并不一定能保证组织是有绩效的;如果组织的绩效按一定的逻辑关系被层层分解到每一个工作岗位以及每一个人的时候,只要每一个人达到了组织的要求,组织的绩效就实现了。

2.3.2 组织绩效指标体系

1. 指标分类

中航电测为了确保分(子)公司能够很好地实现战略目标,构建了由5个维度组成的绩效考核体系。各维度的指标又分为两大类:

(1) 量化指标:如营业收入、市场占有率等。

(2) 非量化指标:如完成薪酬体系改革、编制完成"十四五"规划等,对这类指标，无法通过量化方式给予记录、评价，但是可以通过对其完成情况以及效果进行评价。非量化指标又称评价指标。

2．指标选择

中航电测指标体系如表 2-1 所示，维度及其指标的选择兼顾了当前的经营业绩与未来的发展潜力，避免短期行为，确保企业可持续发展。

表 2-1 中航电测指标体系

维　度	重点词条	指　标　体　系
发展速度	财务指标	收入、利润
发展质量	经营质量	全员劳动生产率或其他人均指标、"两金"占比、毛利率或成本费用率、净利润现金含量
	产品质量	质量管理、产品合格率、质量投诉
	服务质量	客户满意度、服务体系、响应速度
发展后劲	战略引领	发展规划、新兴业务、重大项目、重点工作、改革成效
	技术创新	研发投入占比、重大/重点项目立项数量、研发成果（新产品、技术储备）、研发效率（人均指标、研发周期、成功率、计划完成率）、专业地位（领军人才数量、发明专利、省部级以上科技成果、高水平论文、实验室、技术中心建设）
	竞争力	行业地位、市场占有率、供应商排名、新市场开拓、性价比改善
	两化融合	信息化、自动化、智能制造
	队伍建设	员工结构、人才梯队、培训培养、正能量生态
管理协同	重大决策部署	上级组织决定推进的重大决策部署事项
	业务协同	市场协同、技术协同、项目协同、跨单位经验分享、人才输送
	生产交付	交付周期、生产效率、成本控制
	法治建设	法治责任、法治队伍、合规管理、制度体系、法律风险、合同管理
	保密保卫	资格认证、上级考核要求、失泄密和违规事件

续表

维 度	重点词条	指 标 体 系
管理协同	安全环保	安全事故、环境污染事件、环境纠纷、能耗、有害气体排放量
	职业卫生	职业中毒事故、职业病发病率、职业健康体检
党建文化	党的建设	党组织/班子领导作用：把方向（政治方向、改革方向、发展方向），管大局（谋全局、议大事、抓重点），促落实（管干部聚人才、抓基层打基础、带队伍激活力）；"5+2"：政治建设、思想建设、组织建设、作风建设、纪律建设、制度建设、反腐败斗争
	文化建设	社会主义核心价值观、航空工业文化、中航电测文化

3．数字化实现

量化指标直接从 Zemic_ZOS 中获取数据；非量化指标经人工评价输入 Zemic_ZOS，通过建模计算可得到各维度的综合评分。

2.4 数字化目标

从企业初创时期的拍脑袋管理→快速成长阶段的线下局部制度化运营管理→成熟阶段的线下整体制度化运营管理→工业 4.0 阶段的线上整体数字化运营管理→自动化/智能化管理。

研发制造型企业数字化转型的核心，首先是转管理，将线下运营管理体系迁移至线上运营，然后才能逐步迭代改进，走向管理自动化、智能化。数字化运营管理平台是整个企业运营管理的支持工具，企业的整体运营管理过程是一项系统工程，其建设的核心任务目标是按项目管理思想管理企业运营。在战略上明确了企业经营目标与范围后，需要用数字化运营管理平台去支撑战略牵引下的企业管理水平的提升（提升产品与企业运营质量、提升企业内部运营效率、降低企业运营成本、改善产品交付能力与服务水平等），支持企业管理水平的持续提升。

进入数字化运营阶段后,由人(总结提炼规律,形成制度)到软件(固化为有规律、可重复的管理思想),辅助人做企业管理。

2.4.1 建设一体化数智工厂

1. 支持集团级战略与计划管控

大型的企业集团,由若干层级的板块构成,板块下层是独立经营的法人企业,自上而下地下达年度经营目标任务;独立经营企业也有自己的战略规划目标,并结合上级要求分解为年度计划、月度计划至各职能部门执行;企业在数字化运营管理平台支撑下开展各项经营管理活动,其数据经处理统计需逐级上传,用于经营过程决策及管控,如图2-5所示。

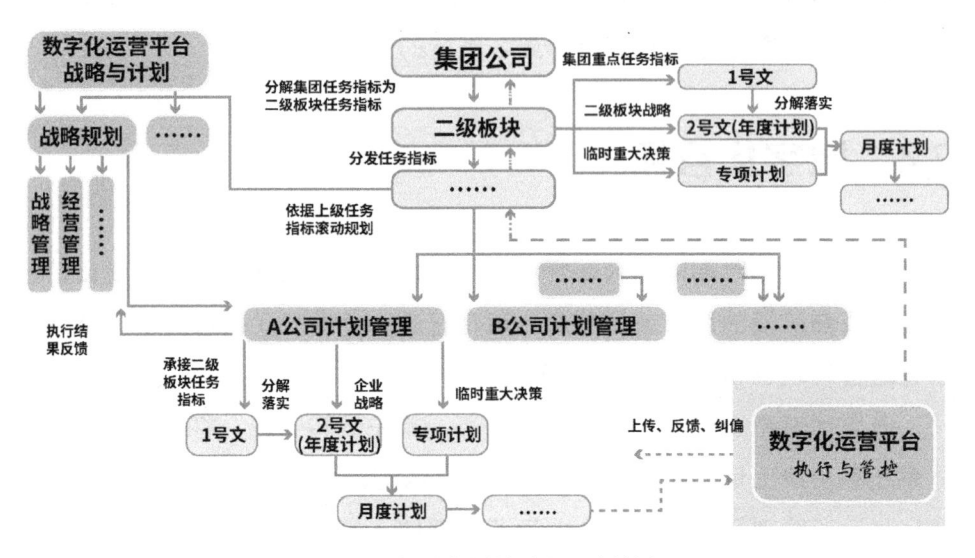

图 2-5 大型集团战略与计划管控

2. 支持一体化运营管理

作为大集团下辖的一个独立经营的法人企业,希望数字化平台未来能支持企业全业务一体化运营,并逐步走向自动化、智能化运营管理。这需要我们梳理与分解企业运营的全部业务，构建高阶流程全景图（见图2-6）及其背后的流程框架，然后进一步构建起企业架构，再展开数字化运营管理平台的设计与开发，实现企业数字化运营管理的目标。

图2-6 业务域划分

3. 支撑智能制造

使运营管理平台与工业设计软件、制造执行系统、仓储物流系统、智能建筑系统等实现互联，构成企业内部物联网；可与外部实现上下级互联、上下游互联（供应商、客户）；采集处理各种数据，构建智能决策分析模型，逐步迈向智能制造，如图2-7所示。

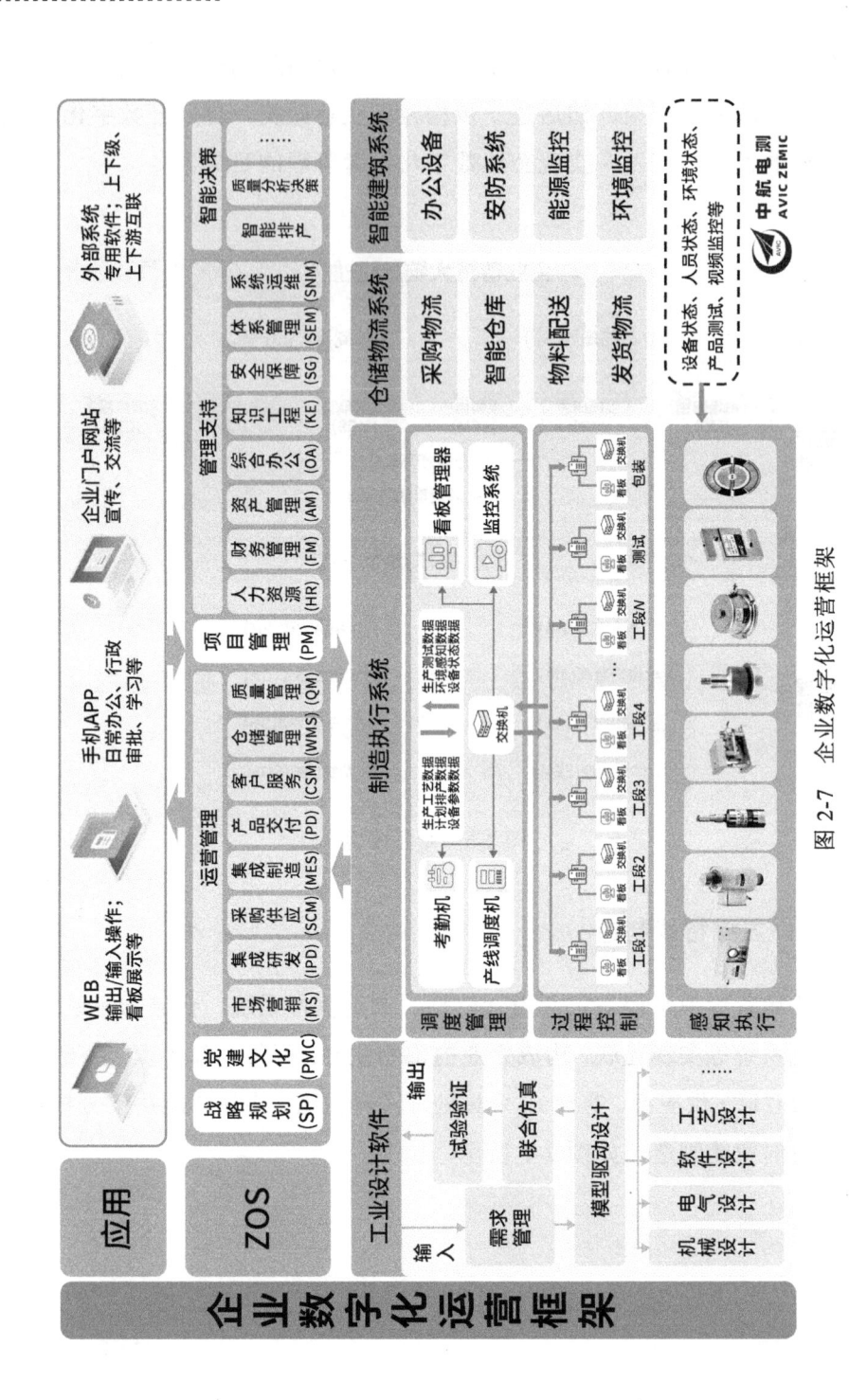

图 2-7 企业数字化运营框架

2.4.2 提升经营管理水平

1．体系整合控品质

需要将企业运营各业务域涉及的质量、合规、风险、安全、保密、环保、健康等要素，以及企业规章与标准，进行结构化处理并融入流程实施管控，如图 2-8 所示。

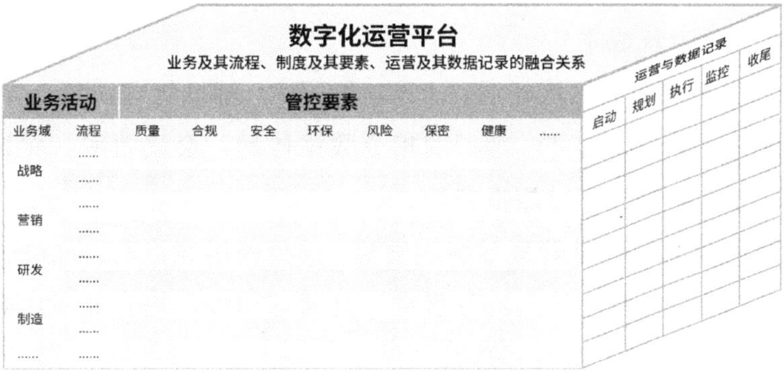

图 2-8　体系整合控品质

2．流程贯通提效率

（1）端到端流程贯通

例如，战略规划→计划→执行，线索获取→订单→交付→现金，等等。做好全业务高阶流程图→业务域→流程组→流程等工作，实现起点到终点的贯通。

（2）业财一体

在全业务贯通的前提下，业财一体也就能自然实现，如：订单→交付→财务；采购→入库→财务；库存→变动→财务；等等。

（3）业管一体

OA 办公管理业务域，主要支持着领导层的各种管理活动，需要与其他各相关业务域数据实现互联互通：

- 业务活动→OA 查看、分析、会议、审批等。
- OA 指令、计划、项目、流程等→业务。

（4）操作与计算高效
- 单一入口、多重出口。
- 数模传递、减少操作。
- 智能计算、辅助决策。

3．自动化管理降成本

（1）企业运营成本

① 直接降本：数据流畅通、计算功能强大、辅助管理决策，节省人工，如：智能生产计划、排产，部门间指令数据传递，会议效率，质量问题追溯，绩效与工资发放，差旅报销等。

② 间接降本：提升管理效率和质量，减少差错与浪费，如：固化体系，持续迭代，减少重复建设；流程贯穿，打通部门墙，提升效率；要素融入过程管控，提质、控风险；等等。

（2）IT 运维成本

① 降低建设成本：顶层架构、分步实施，杜绝孤岛、减少重复投资。

② 降低运维成本：数据系统规范、逻辑关系清晰，便于数据传递与功能扩展，减少后续数据治理、打功能补丁。

2.4.3 支持可持续发展

数字化运营管理平台须支持管理成果的固化与运营体系的持续迭代改进，如图 2-9 所示。

从战略目标到计划层层分解，并在数字化平台的支持下运营，运营后的数据经处理、分析与统计可层层上传；计划至规划的目标与实际运营数据之间的差异，可以从企业大脑/驾驶舱的战略决策层查看；再从业务管理层去分析、追溯问题产生的原因，逐步构建智能决策分析系统，辅助人工决策管理；最后在任务执行层，个人可在自定义工作桌面上去处理与解决问题。这样就需要构建起三层管理驾驶舱，且为了保持通用性，应支持指标与桌面自定义。

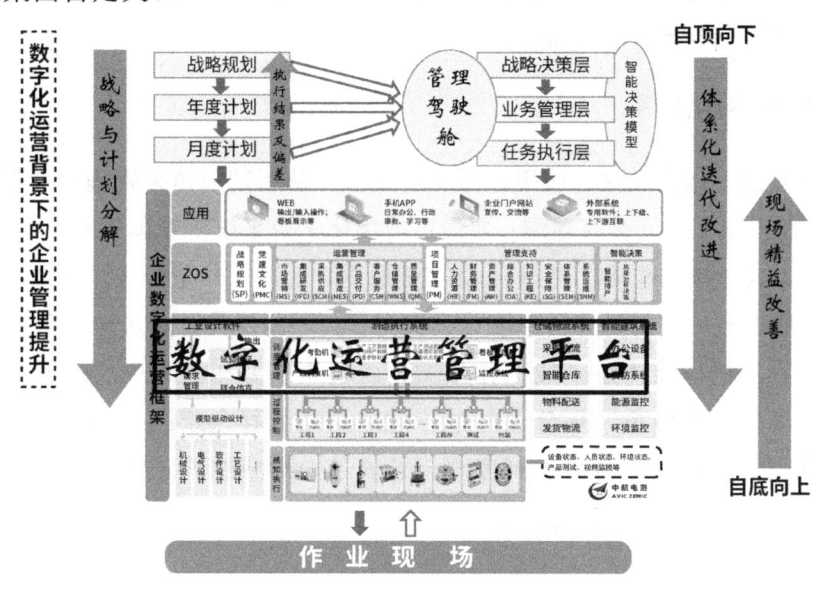

图 2-9 管理成果的固化、迭代、可持续

自顶向下的体系化建设与管理迭代改进，是优化企业管理体系与固化企业管理成果的基础，使我们今后在应用管理工具时不再是狗熊掰棒子，而是体系化且可持续的改进。

自底向上点状发现问题与解决问题后，需要进一步完成管理归零，使其成为体系迭代改进的补充。

2.5 数字化路径与能力

2.5.1 数字化路径

1. 理解全景业务

首先要理解企业运营涉及的全部业务，且需要广度与深度，因此必须建立相应的团队以完成前期的业务梳理,理解从战略、运营价值链、管理支持等各业务域的业务及相互间的关系。明确问题后,确定数字化的目标,厘清实现一体化数字运营的路径。

2. 结构化体系

(1)线下体系文件:线下体系文件众多,从不同视角来管理企业运营,体系间相互重复,又会有遗漏;要通过数字化平台来统一管理体系及其要素,就需要将其尽量结构化,并符合 MECE 原则。此项工作量巨大,需要在做好规划的基础上,按重要与紧急度排列优先级,不断迭代,逐步逼近目标。

(2)流程框架体系:线下体系文件各要素需要在流程中实施管控,需要构建流程框架体系,划分业务域,建立高级流程全景图,然后构建各业务域流程组及流程,再关联制度与记录表单,形成结构化的体系。

3. 企业架构与 IT 设计开发

(1)流程框架是业务架构的基础,IT 架构是为了实现业务。

(2)业务架构与 IT 架构是 IT 设计开发的输入。设计开发完成并部署上线后,进入数字化运营阶段。

4. 运营反馈与迭代改进

进入数字化运营后,会不断从数据中发现经营管理中的问题,也会从数字化运营中发现数字化系统本身存在的问题,需要不断地迭代完善,如图 2-10 所示。

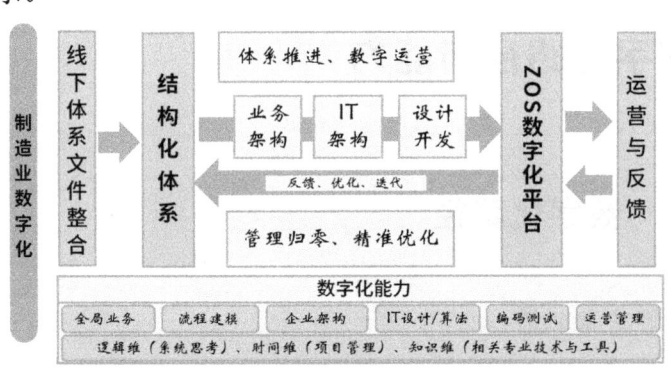

图 2-10 一体化数字运营管理平台建设路径与能力

2.5.2 数字化能力

制造业数字化的核心是破解以下难题：
- 对企业运营全面、深入理解之难；
- 多体系整合之难；
- 运营逻辑规律抽象提炼与流程架构系统建模之难；
- 企业架构表达专业化之难；
- IT设计中，固化其"宗"、匹配其"形"，提升通用性之难；
- 版本维护管理，保持架构统一完整和可持续迭代之难。

道道是坎，迈不好，就成一地碎片——来自开发者的感悟。为了形成数字化能力，迫切需要按团队训练各阶段所需的能力，逻辑维、时间维及知识维（共性知识的学习与训练）又是各阶段所需能力训练的基础。

第 3 章 企业流程框架

为支撑企业战略目标的实现，开展战略管控，首先需分析清楚各业务域，并梳理各业务域之间及内部的流程关系与约束保障措施，构建起企业的顶层运营流程框架（高阶流程全景），然后细化为流程地图和流程，以指导和规范企业运行。

本章通过对流程分类框架、业务流程分类、管理体系整合、业务流程构建、流程与数字化等的简要介绍，并以中航电测"采购供应"业务为例，展示从顶层流程框架到末级流程的细化分解过程，并说明业务流程梳理到数字化落地的具体过程。

3.1 流程分类框架

3.1.1 流程分类框架起源

美国生产力与质量中心（American Productivity and Quality Center，APQC）研究开发了流程分类框架（Process Classification Framework，PCF），PCF 被设想成为一种企业的流程分类法则，参与设计的 80 个组织机构希望能创造出前瞻性的标杆并运用于全球各地的企业。APQC 起初提出的是一个跨行业的流程分类框架，后来又陆续提出多个行业的流程分类框架，包括跨行业、电力行业、消费品行业、航空航天和国防行业、汽车行业、传媒行业、医药行业、电信行业、石油行业、石化行业等。

3.1.2 流程分类框架介绍

业务流程是企业动态管理的表现形态。各行各业的专业人员、管理者、学者，从战略、绩效、人力资源等角度对企业管理进行描述、分析，期望塑造理想企业管理模型。

什么是理想企业管理模型？企业应具备哪些流程？流程应该覆盖哪些范畴？流程的步骤应该怎样梳理？

从流程角度看企业的所有业务，把需要管理的对象纳入管理流程，编制一个花名册，即流程清单。企业要开展流程管理，就一定要有流程清单来分层分类描述流程和流程间的关系，并不断动态维护。

PCF 作为高阶的、一般的企业模型或者分类法，给众多的企业进行流程管理提供了指导，并提供了一整套完整的框架模型，鼓励企业从全业务因果逻辑和全价值链的视角审视静态的企业模型和动态的企业行为，如图 3-1 所示。

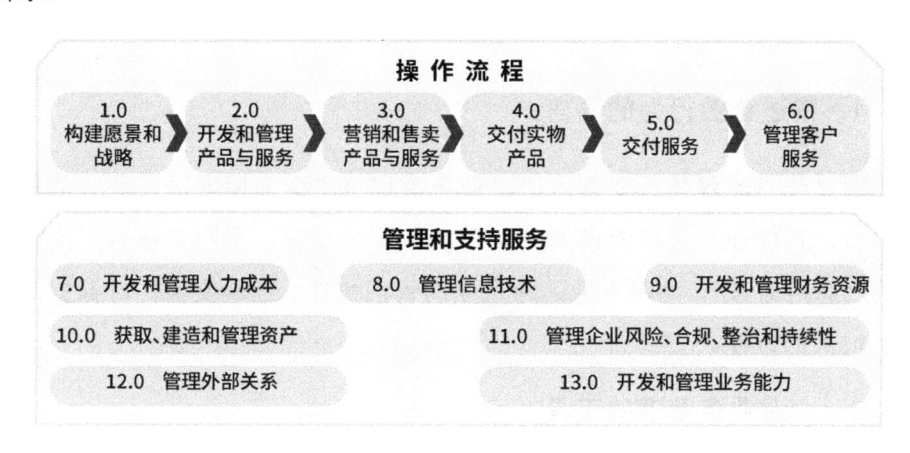

操作流程

| 1.0 构建愿景和战略 | 2.0 开发和管理产品与服务 | 3.0 营销和售卖产品与服务 | 4.0 交付实物产品 | 5.0 交付服务 | 6.0 管理客户服务 |

管理和支持服务

7.0 开发和管理人力成本	8.0 管理信息技术	9.0 开发和管理财务资源
10.0 获取、建造和管理资产	11.0 管理企业风险、合规、整治和持续性
12.0 管理外部关系	13.0 开发和管理业务能力

图 3-1 APQC 流程分类框架

参照 PCF、佩帕德和罗兰等的流程分类框架，一般可将高阶业务流程分为三类，即管理企业、管理运营、管理支持。

按照层级关系，流程分级模式有业务域、流程组、流程、步骤和活动等5类。

（1）业务域：是业务流程的最高层级，通过业务域的集合能完整地反映组织业务构成，体现组织价值创造的全过程。

（2）流程组：对业务域的分解，是提供某种特定的业务服务，能够为利益攸关方创造收益或价值的一组相关业务流程。

（3）流程：对流程组的分解，是面向特定企业的业务目标，将输入转化为有价值输出的一系列相互关联的步骤。流程可按照业务复杂度进行分级，如每个流程下可有一级子流程、二级子流程，直至末级子流程，一般不超过三级。

（4）步骤：构成业务流程的基本单元，一个步骤可由一个或多个角色执行。

（5）活动：对步骤操作过程的描述，一项活动只能由一个角色执行。

3.1.3 流程的作用

1．描述企业行为的语言

通过统一流程体系要素术语、业务流程全生命周期术语、业务流程模型语言，形成业务流程管理的共同语言。不同行业、不同企业有了沟通流程的"通用语言"，为跨行业、跨企业的管理协作、经验交流、对标提升提供了很大的方便。

2．企业业务管理的工具

从通用参考版本出发，基于企业生产运营实际，增减或微调，快速形成一份企业自己的本地化实例流程清单，将绩效、质量、风险等各种管理要素与业务流程有机融合，增强管理协同效应，优化管理体系，提升管理效率和企业竞争力。

3．企业经营策略和管理方法的载体

基于企业架构和业务模型的构建及优化，形成业务流程集，衍生企业高效的业务执行系统和协同的管理标准体系。

4．企业价值创造的观察视角

帮助企业高层管理人员从价值创造的视角通览企业，从端到端的流程视角来理解各项业务和管理。

3.1.4 流程体系的目的和意义

我们可以参考流程分类框架，基于最佳实践标杆、愿景、架构和业务管理现状，构建一套融合多系统、多要素的管理体系，把质量、合规、安全、保密、风控等多管理要素融入业务流程，以日常工作标准化、标准工作流程化、流程工作数字化为目的，推动组织从职能式管理向矩阵式管理迈进，实现规范、高效运行，使组织真正面向客户创造价值，为战略目标的实现提供支撑。

对照检查你所在的企业，是否在运行过程中存在以下问题：

（1）制定的战略不知如何通过有效管控落地。

战略永远高高挂在墙上和领导心里，员工感受不到战略与自己的关系，也无法通过有效的管控措施、工具，让战略在既定的轨道上推进。

（2）始终无法逾越的部门墙，经常推诿扯皮。

各部门"自扫门前雪"，出现跨部门工作时，没有人对最终的结果负责。

（3）业务开展无章法，领导经常救火。

没有形成有效的管理体系，过度依靠英雄人物。没有业务流程或者业务流程没有显性化，开展业务时陷入打乱仗，经常找领导救火。

如果存在以上问题，则说明你所在的企业很有必要构建自己的流程管理体系。

3.2 业务流程分类

3.2.1 高阶流程全景

高阶流程全景是业务域的集合。中航电测高阶流程全景图如图 3-2 所示。

图 3-2 中航电测高阶流程全景图

高阶流程全景的分类应基于对战略及业务的有效承接，原则上应该由企业高层领导主导，采用自顶向下的方式进行构建。

中航电测高阶流程全景图，参照了 POS 流程分类方法（规划类流程、运作类流程、支撑类流程），对应图 3-2 的三层结构分别为党建战略、运营管理、管理支持。

（1）党建战略：保障企业政治方向和战略方向正确，由党建文化和战略规划构成。

（2）运营管理：是企业实现战略目标的主价值链，包含从订单到交付等端到端流程，由市场营销、集成研发、采购供应、集成制造、产品交付、客户服务、仓储管理和质量管理等构成。

（3）管理支持：是对党建战略和运营管理支持性的职能活动，主要由人力资源、财务管理、资产管理、综合办公、知识工程、安全保障和体系管理等构成。

高阶流程全景可根据企业性质、所处行业的不同进行适应性调整；可以依据管理需要构建指标库，通过汇总、统计、计算上传数据至智慧大脑或管理驾驶舱。

3.2.2 党建战略类流程

中航电测战略规划类流程示意图如图 3-3 所示。战略管理处于业务运营管理的统领地位，战略规划类流程就是战略闭环管理流程（规划制定→规划分解→规划实施→规划评价→规划收尾），同时为流程管理体系构建明确方向。

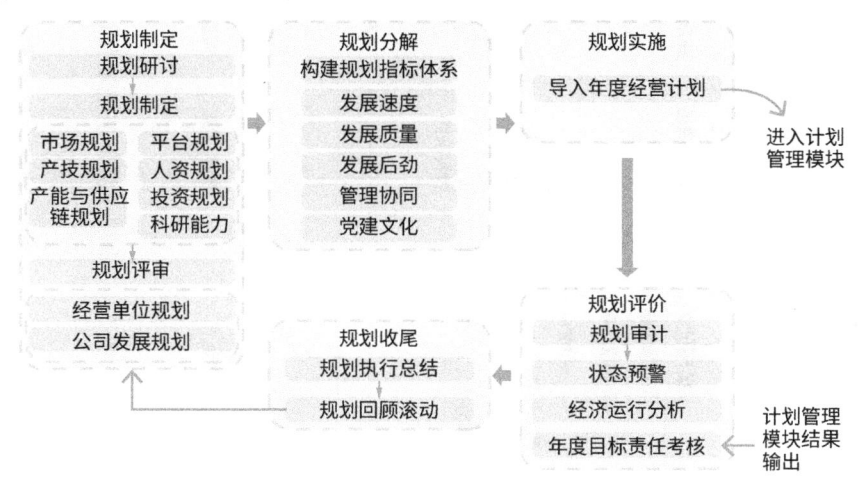

图 3-3 中航电测战略规划类流程示意图

3.2.3 运营管理类流程

运营管理类流程是实现产品从订单到产品交付、服务的主价值链流程，表达的是产品全生命周期的管理过程。中航电测价值链运营管理主流程示意图如图 3-4 所示。

建设一体化数智工厂

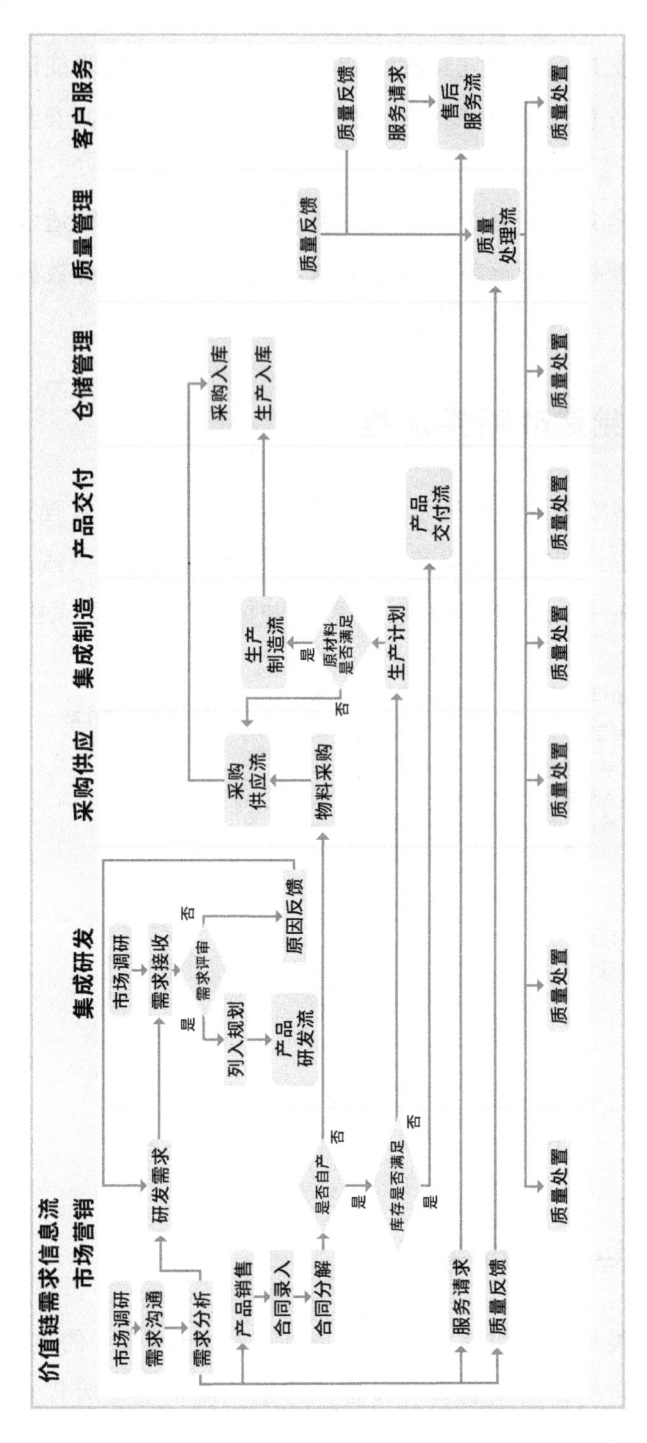

图 3-4 中航电测价值链运营管理主流程示意图

3.2.4 管理支持类流程

管理支持类流程主要是支持运营活动的资源组织和能力建设类流程。中航电测设备维修流程如图 3-5 所示。

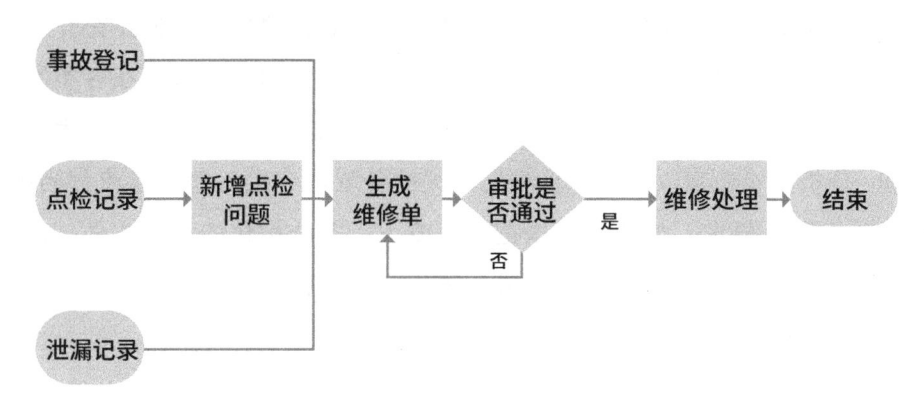

图 3-5 中航电测设备维修流程

3.3 管理体系整合

通过高阶流程全景，明确了企业运营的各业务域，那么各业务域需要通过怎样的分工与协同来开展相应的工作呢？这些工作又需要遵循怎样的标准、规范及要求呢？

1. 管理多体系的无序

很多企业，不同的部门往往会针对本部门的工作发布一系列的制度文件，比如针对研发就有项目管理制度、知识产权管理制度、科技创新管理制度等。而对企业而言，涉及的制度文件就更多了，如质量管理体系、研发管理体系、安全环保职业健康管理体系、风控体系等。在开展具体工作时，需要查询多份文件，诸多的制度文件让人眼花缭乱，文件之间有些还不一致，对工作执行的指导性、便捷性造成了困扰，无法起到事前指导、事中管控的作用。

2．管理体系的一体化整合

为了解决以上问题，需要构建一套一体化的管理体系，使正在开展的工作有一个明确的标准和要求，而不是将一项工作的要求散落在各类制度文件中。因此，需要基于企业的战略和运营模式，对企业业务及流程进行梳理，分析各类制度文件等，将与之相关的条款内容融入每一条流程当中，明确其标准与要求。如此便可以把原来庞杂、非结构化的制度文件，进行结构化的梳理、分析、整合，形成一体化、结构化的管理体系。

3．一体化管理体系结构

中航电测流程管理体系架构如图 3-6 所示。

体系文件共分为以下四层。

第一层为手册：定义企业流程管理的总体目标、范围、方针，以及流程全景和各个业务域的关系等总则性内容。

第二层为程序文件：描述各个业务域的职责分工、流程框架、流程地图、管理要求与要素等。

第三层为操作文件：绘制具体的流程，整合各类制度文件的要素与要求等。

第四层为记录文件：输出业务流程运行所需要的模板和表单等。

第3章 企业流程框架

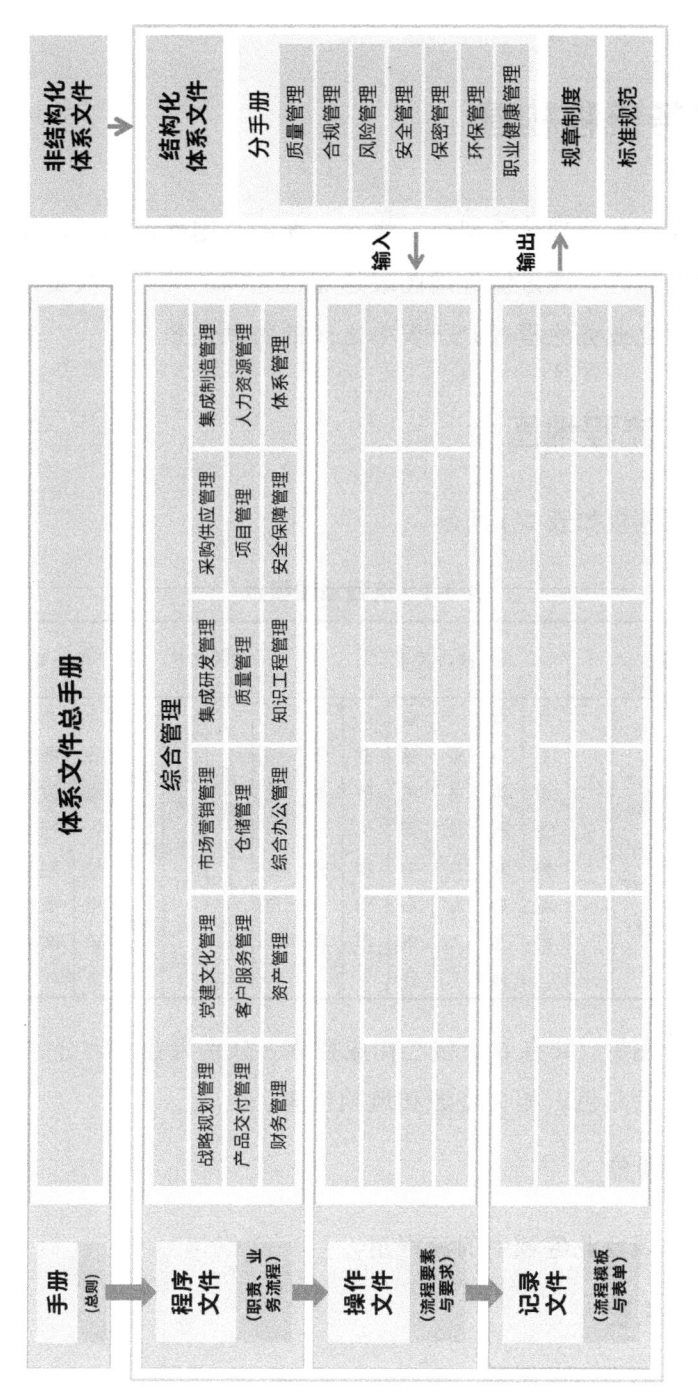

图 3-6 中航电测流程管理体系架构

3.4 业务流程构建

根据上述流程管理体系架构，进行手册的总则性编制后，需要构建各业务域的业务流程。通过流程地图表达流程之间的关系及权责，通过流程设计建模，建立业务流程-制度-表单之间的关联关系。

3.4.1 流程地图

流程地图模板如表 3-1 所示。

表 3-1 流程地图模板

业务划分	业务流程			接口关系				相关角色			相关资源		风险因素
业务域	流程组	一级子流程	二级子流程	……	上游业务流程	业务流程开始条件	业务流程输入	业务流程结束条件	业务流程输出	下游业务流程	流程客户	流程所有者	流程参与者	流程检查者	业务流程使用表单	业务流程制度文件	业务流程使用系统	风险	"三重一大"事项

在流程地图中，共有 6 个核心构成要素，分别为业务划分、业务流程、接口关系、相关角色、相关资源和风险因素。

1. 业务划分

划分业务域及业务域中的流程组。

2. 业务流程

流程可以有多级子流程，直至末级流程。

3. 接口关系

为了确定流程的上下游关系，以下几个概念需要特别提示。

（1）上游业务流程：该业务流程的前置业务流程，即为本业务流程提供流程开始条件的业务流程，一个或多个前置业务流程全部要列出，后续业务流程的前置业务流程与前置业务流程的后续业务流程要对应。

（2）下游业务流程：该业务流程的后续业务流程，即为本业务流程达到结束条件后触发的业务流程，一个或多个后续业务流程全部要列出，后续业务流程的前置业务流程与前置业务流程的后续业务流程要对应。

（3）业务流程输入：进行这条业务流程所必备的驱动因素，一般体现为表单、文档、实物、资料等，部分输入与前置业务流程有关。一条业务流程的输入为其所有输入的合集。

（4）业务流程输出：业务流程结束后所产生的价值，一般体现为表单、文档、实物、资料等，部分输入与后置业务流程有关。一条业务流程的输出为其所有输入的合集。仅供业务流程内部使用，其他业务流程不再使用的内部信息不作为整体业务流程输出。

（5）业务流程开始条件：触发流程启动的条件，可以是事件驱动（如客户订单、客户投诉、计划下达等），也可以是时间驱动（年、月、季度等）。如两条业务流程互为上下游流程，则上游业务流程的结束条件与下游业务流程的开始条件需保持一致。

（6）业务流程结束条件：业务流程按预期合格完成时所需达到的条件（如客户投诉已归零、物资已入库等）。如两条业务流程为上下游流程，则上游业务流程的结束条件与下游业务流程的开始条件需保持一致。

4. 相关角色

相关角色是为了明确业务流程不同环节的职责。

（1）流程客户：是在实际业务运行中使用该流程的人员或部门。

（2）流程所有者：负责流程的全生命周期管理，为流程高效、安全、低成本运行，以及业务目标的实现提供资源保障，同时确保相关管理要素在流程中落地。

（3）流程参与者：参与流程执行过程的相关部门或虚拟部门。

（4）流程检查者：为形成对流程的闭环管理，对流程执行效率、合规性、经济性等流程表现进行检查的人员或部门。

5．相关资源

相关资源是为了保障流程的正常运行所需的资源。

（1）业务流程使用表单：流程执行过程中使用的模板、表单。

（2）业务流程制度文件：规范流程执行过程的制度、文件、标准等。

（3）业务流程使用系统：该流程执行过程中使用的应用系统。

6．风险因素

风险因素是该流程在运行过程中可能存在或产生的风险，主要包括法律风险、廉洁风险等，以及是否属于"三重一大"事项。

需要特别说明的是，在业务流程实际构建过程中，建议采用自上而下、分级评审的方法推进。

3.4.2 流程构建步骤

流程体系全生命周期管理分为战略分析、架构设计、流程构建、资源部署、运行监控、体系改进六大阶段，每个阶段又有多个步骤。在开展工作时，需要充分考虑并结合企业实际，因为企业的流程体系构建一般都不是从零开始的，许多流程本身已经存在，只不过是如何实现显性化、结构化、数字化。

因此，中航电测在业务流程构建时，结合企业实际，将流程构建分为以下六大步骤：

（1）分析业务组件及业务。

（2）梳理业务对应的流程组及流程，绘制流程地图。

（3）分析、绘制业务流程图。

（4）融合质量、合规等管理要素。

（5）输出多体系融合的一体化文件（程序/操作/记录文件）。

（6）构建数字化功能框架。

为了帮助大家更好地理解业务流程构建全过程，这里以采购供应业务域为例进行说明。

1．分析业务组件及业务

由各职能/业务部门根据其工作职责进行分析整理，形成业务框架。采购供应业务框架如图3-7所示。

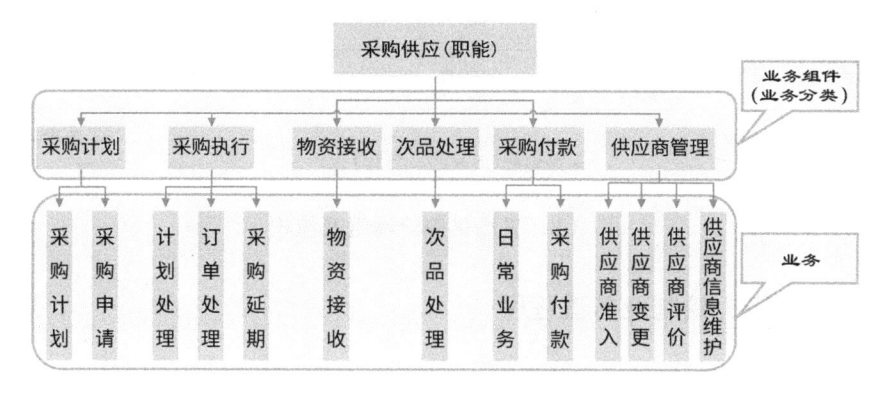

图3-7 采购供应业务框架

2．梳理业务对应的流程组及流程，绘制流程地图

根据采购供应业务框架，分析梳理业务所对应的流程组及流程，如图3-8所示。

（1）业务与流程的关系可以是一对一，如采购计划业务对应《采购申请流程》，也可以是一对多或者多对一，如次品处理业务对应《让步处理流程》《次品换货流程》《次品退货流程》。

（2）有些业务可以不设计流程，如Zemic_ZOS供应商评价是在系统中通过参数设置及模型运算自动生成的。

（3）绘制流程地图，明确流程之间的接口及权责关系。

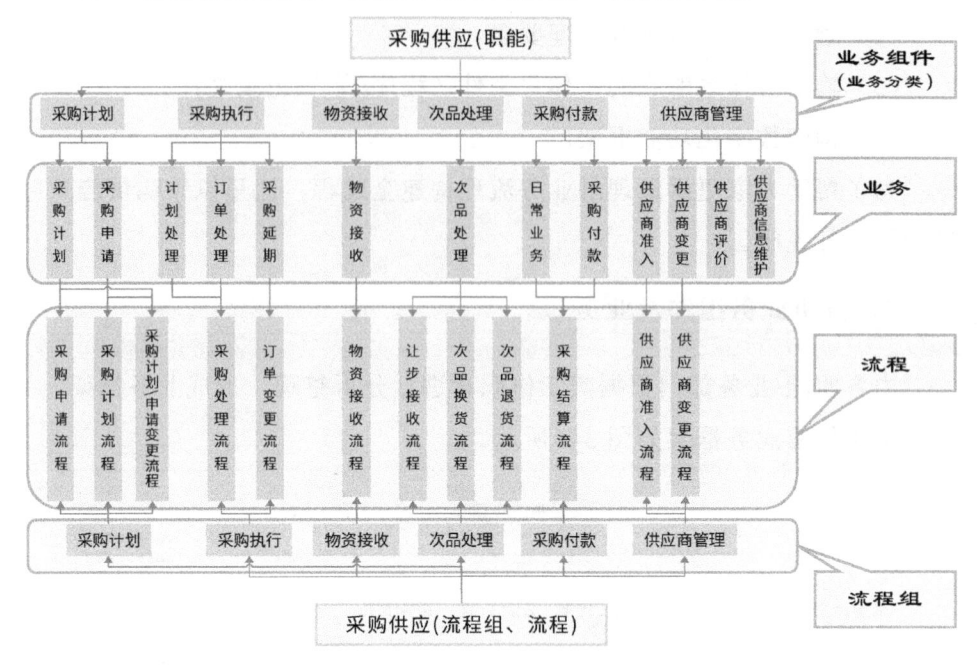

图 3-8 采购供应流程组及流程

3．分析、绘制业务流程图

针对每一条流程，分析流程所要达到的目标，进行流程的显性化，以及综合分析、优化设计，并绘制输出该业务流程图，如供应商准入流程，如图 3-9 所示。

4．融合质量、合规等管理要素

整合、分析与本流程相关的各类制度文件，并将制度文件中的具体条款和要求转化为对相应节点（步骤/活动）的控制。

5．输出多体系融合的一体化文件

针对采购供应业务域的整体性内容，生成《程序文件》；针对具体业务流程，生成《操作文件》；针对所涉及的模板、表单，生成《记录文件》。

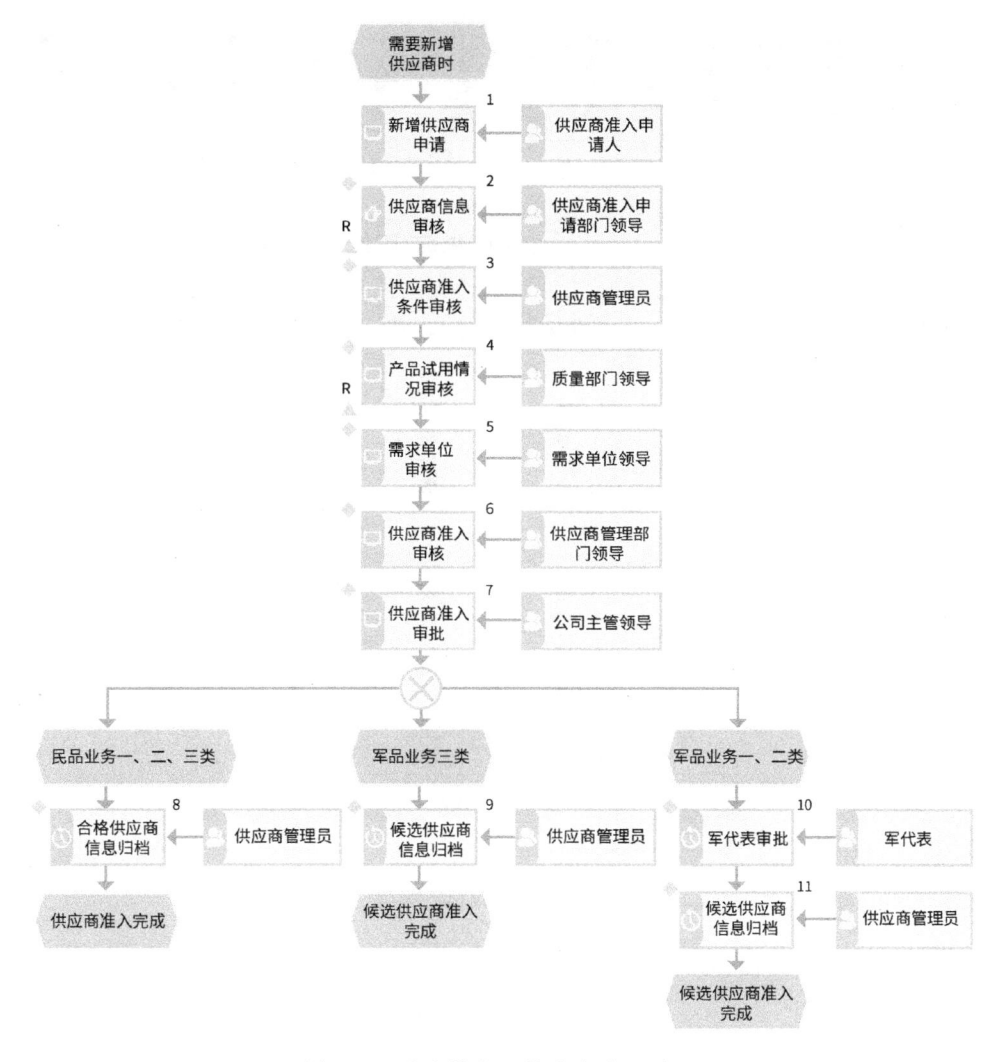

图 3-9　采购供应：供应商准入流程

6．构建数字化功能框架

为了使流程管理体系能够有效运行，还需要将其落实到数字化系统进行管控。基于采购供应业务流程的梳理，转化并构建数字化功能框架，进行 IT 开发，如图 3-10 所示。

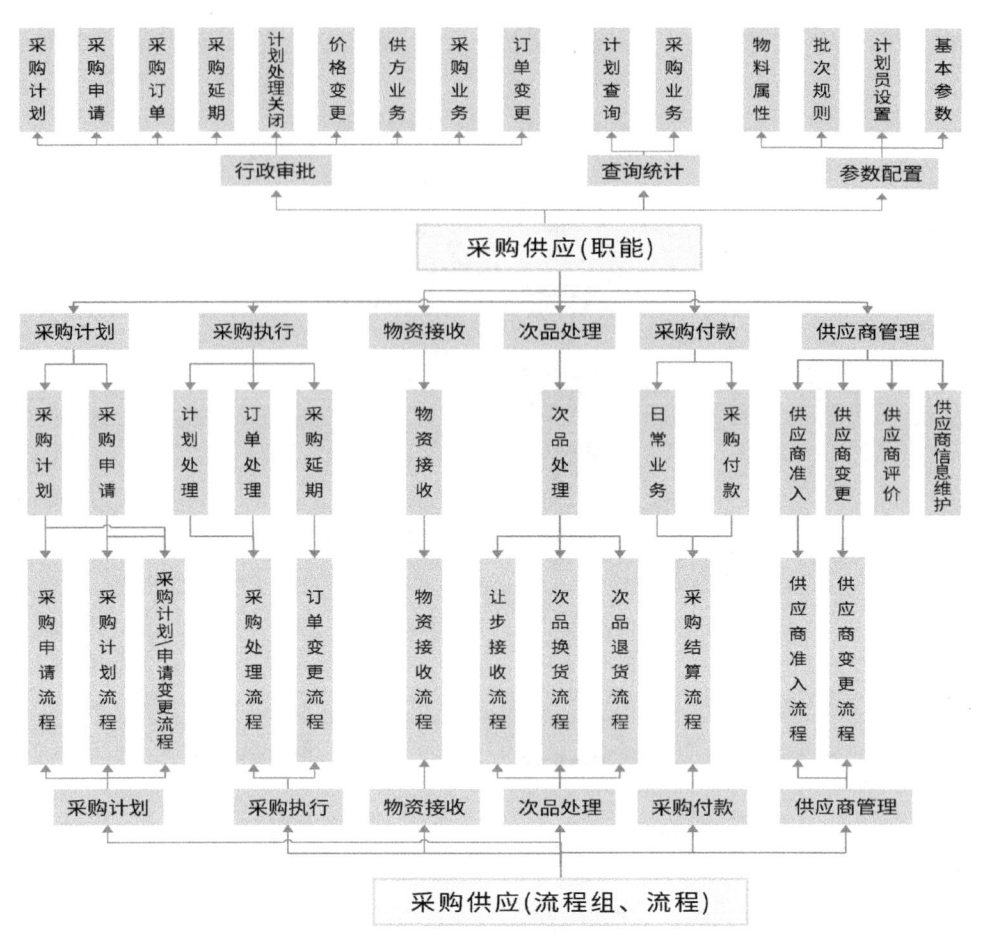

图 3-10 采购供应 Zemic_ZOS 数字化功能框架

3.5 流程与数字化

3.5.1 流程的发布形式

在确定业务流程后，需要对业务流程进行发布。发布的目的是让组织内的成员知晓并执行。业务流程的发布形式有两种，可以视情采用其中一种或者将两种方式配合使用。

（1）数字化发布：即通过业务流程的数字化设计，完成相关应用系统的部署，使流程通过数字化手段顺利上线运行。

（2）文档发布：即对业务流程在组织内部正式发布，这种发布可能包括制度、文件或者通知等方式，将业务流程以纸质文档或电子文档等载体形式告知组织全员，要求所有业务活动遵循该业务流程。

3.5.2　为什么要业务流程数字化

从流程的运行效果来看，流程数字化可以解决如下问题。

1．实现标准运营

业务流程数字化的首要目的，就是要实现运行的标准化。在业务流程中提高效率、降低差错的基本前提，就是不断重复正确的操作。这需要依靠管理制度、人员培训、系统工具等多个环节的支持，业务流程数字化系统是其中的核心工具。

2．提升作业效率

业务流程数字化可以大幅提升作业效率。它主要是通过在同一流程的前后岗位环节间的有序衔接，共享进度、任务、文档等信息，从而降低沟通的损耗，节省各类查询的时间，并减少差错。

3．打破信息孤岛

业务流程数字化可以打破信息孤岛，形成数据记录和管理看板，极大地加快企业内部管理信息提取、上报、汇总、分析的速度，让企业经营者更好地掌控经营全局。同时，还能通过不同的业务流程执行情况，及时掌握流程绩效，并不断改进提升。

3.5.3 如何将业务流程转化为数字化流程

1．项目管理软件

用通用项目管理软件创建流程,并对全流程及其各阶段与节点实施管理。

2．企业数字化运营管理平台

企业数字化运营管理平台用于支撑企业全业务域数字化运行,是实现两化融合、迈向智能制造的基础。它以流程为主干、制度为约束,用数据库存储过程与结果数据,在此基础上支撑企业的各种管理、分析和决策活动。

3．专业化流程设计软件

针对具体的项目,可以用专业化流程设计软件,对流程进行全生命周期管理。流程建模要遵循相应的规范,如 BPMN,BPMN 在业务流程设计与流程实现之间搭建了一条标准化的桥梁。

3.5.4 Zemic_ZOS 流程如何数字化

中航电测为了实现流程的数字化发布,进行了有益的尝试和探索,通过流程设计、数字化视角的处理转换与开发,从而实现流程的数字化。

1．价值链分析

一般采用价值链分析方法,来对企业内外环境因素展开分析,提取订单、销售、生产、服务等主要环节的核心作业,并用数字化的视角,去掉冗余环节,设计出精简有效的主干业务流程。主干业务流程应该符合公司的价值创造与传递过程。

分清核心价值流程、一般流程、低价值流程,依据其价值高低分步实施。

2．层级分析

企业内部的业务流程众多，通常有主干流程和子流程之分。分析层级关系，可以抓住主要矛盾，让子流程为主干流程服务，以提高主干流程效率为原则。一个企业的经营效率，主要取决于主干流程的效率，如果不加以区分，就会陷入流程的泥潭，只见树木不见森林。

3．数据流分析

企业管理所需的许多信息，往往不是来自单一的流程。例如销售、生产的经营数据，需要从销售订单、收款计划、客户、供应商等不同流程及数据库中提取，并进行综合处理与应用。在设计流程时应有意识地规划好数据流的走向。

4．数字化转换

（1）对于通用、可固化的流程，直接编程实现。

（2）对于变化的流程，通过结合配置、选项、权限分配等实现。

（3）数字化平台背后支撑的不仅仅是流程驱动，还有命令、数据、模型/模板驱动等，需避免唯流程化导致的IT开发复杂化。

第4章 企业架构

想要让业务流程有效运行,就要通过数字化对其加以固化和提升。将流程框架转换为业务架构,并搭建稳定、可靠、安全、高效、技术先进的企业架构作为数字化实现的基础。本章首先对企业架构做了概述,然后介绍 Zemic_ZOS 参考 TOGAF 模型搭建的业务与 IT 架构,最后介绍软件实施中的软件部署与第三方接口。

4.1 企业架构概述

1. 企业架构

综合现有的研究与实践,企业架构(Enterprise Architecture,EA)是一个分析、设计、规划和实施企业分析以成功执行业务战略的卓越实践。企业架构用于帮助企业设计 IT 策略、实施 IT 项目,以实现期望的业务结果,并使用体系结构原则和业务模型来掌握行业趋势和中断的风险。

现代企业架构策略将这种理念扩展到了企业整个业务,而不仅仅是IT,以确保业务能够与数字化转型策略和技术增长保持一致。企业架构对于正在经历数字转型的大型企业来说特别有用,因为它专注于将现有流程和应用程序整合在一起从而形成一个更加精益高效的集成运营环境。

从 1987 年的 Zachman Framework 开始,企业架构发展了 30 余年,有很多专家和组织都试图对企业架构的内涵进行定义,影响力比较大的有 Zachman 架构框架、联邦总体架构框架(FEAF/CIO 协会框架)和开放组体系结构框架(TOGAF)等。

第 4 章 企业架构

TOGAF 将企业定义为有着共同目标集合的组织的聚集。例如，企业可能是政府部门、一个完整的公司、公司部门、单个处/科室，或通过共同拥有权连接在一起的地理上分散的组织链。

根据开放群组（The Open Group）的 IT 架构指引："有效的企业架构（EA）对企业的生存和成功具有决定性的作用，是企业通过 IT 获得竞争优势的不可缺少的手段。"

2．企业架构的作用

企业架构是承接企业业务战略与 IT 战略之间的桥梁与标准接口，是企业数字化建设的核心。

（1）在业务战略方面，可使用 TOGAF 及其架构开发方法（Architecture Development Method，ADM）来定义企业的愿景/使命、目标/目的/驱动力、组织架构、职能和角色。

（2）在 IT 战略方面，ADM 描述了如何定义业务架构、数据架构、应用架构和技术架构，是 IT 战略规划的最佳实践指引。

3．企业架构组成

企业架构可以分为两大部分：业务架构和 IT 架构，如图 4-1 所示。

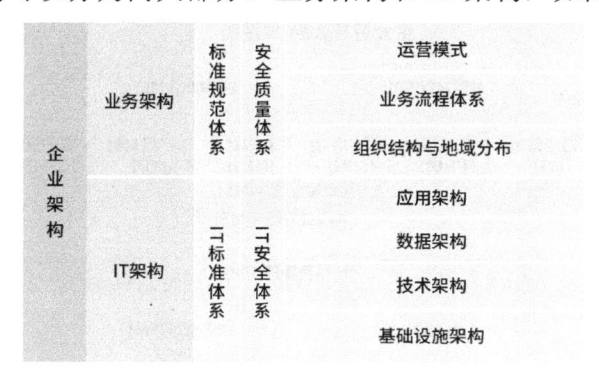

图 4-1 企业架构组成

（1）业务架构：是把企业的业务战略转化为日常运作的渠道，业务战略决定业务架构，包括运营模式、业务流程体系、组织结构与地域分布等内容。

（2）IT 架构：是指导 IT 投资和设计决策的信息框架，是建立企业数字化系统的综合蓝图，包括应用架构、数据架构、技术架构、基础设施架构等部分。

4.2 业务架构

业务架构里的运营模式是指企业内部人、财、物、信息等各要素的结合方式，是商业模式的核心层面。业务流程是为达到特定的价值目标而由不同的人共同完成的一系列活动，活动之间不仅有严格的先后顺序限定，而且活动的内容、方式、责任等也都必须有明确的安排和界定，以使不同活动在不同岗位角色之间进行转手交接成为可能。组织结构与地域分布描述了企业组织机构的设立、划分以及跨地域之间的关系。

组织结构与地域分布为业务架构的运行提供基础保障，运营模式与业务流程经过系统的分析转化为业务域划分与流程框架，其背后的流程、制度、表单，要通过数字化来实现，以更好地支持企业运营管理。以 Zemic_ZOS 为例，总共划分了 18 个业务域及基于业务大数据分析的管理驾驶舱，成为企业智慧大脑，如图 4-2 所示。

图 4-2 Zemic_ZOS 业务架构：业务域划分

下面来思考三个问题：

问题1：图4-2所示业务域背后的业务流程与IT流程一致吗？

答：有一致的，也有不一致的。

IT流程是为了实现业务流程，但基于IT的可维护性、业务适应性、扩展性需要，需要对流程进行通用化设计，然后通过配置与选项来适应变化，因而需要特定的转换。

问题2：用流程绘制与管理专用软件来管理流程能替代数字化建设吗？

答：几乎不可能。

绘制流程，并在流程节点中关联制度、表单，用来管理一个长周期的重大项目是可行的，它能指导、控制整个作业流程，并在某个节点需要修改时仍然能保持与其他节点之间的关系，但这项工作也可用通用项目管理软件来建立单个项目或项目集加以管理。

替代数字化建设几乎是不可能的，数字化平台需要支撑整个企业的运营，需要在统一的IT架构基础上开发，目前均采用可视化开发平台，开发快捷高效，各种组件、控件齐全，维护灵活方便。

问题3：组织机构与业务域间是什么关系？

答：业务域是依据业务类型及流程关系进行划分的，而组织机构是基于管理需要进行构建的。

如图4-3所示，一个部门可以管理多个业务域（如客服中心、质量安全部、人力资源部、企业管理部），也可多个部门分工管理一个业务域（如党建文化部、纪检审计部），也可一对一管理。

（1）在实施数字化后，各组织中的部门或个人经授权可以在数字化相应域做功能操作。

（2）战略规划部可通过战略规划业务域进行规划分解、重大项目与重点工作的计划制定及监控。

（3）各部门的一般性工作可按项目管理的方法，在项目管理业务域创建项目或项目集进行管理，由企业管理部加以监控。

建设一体化数智工厂

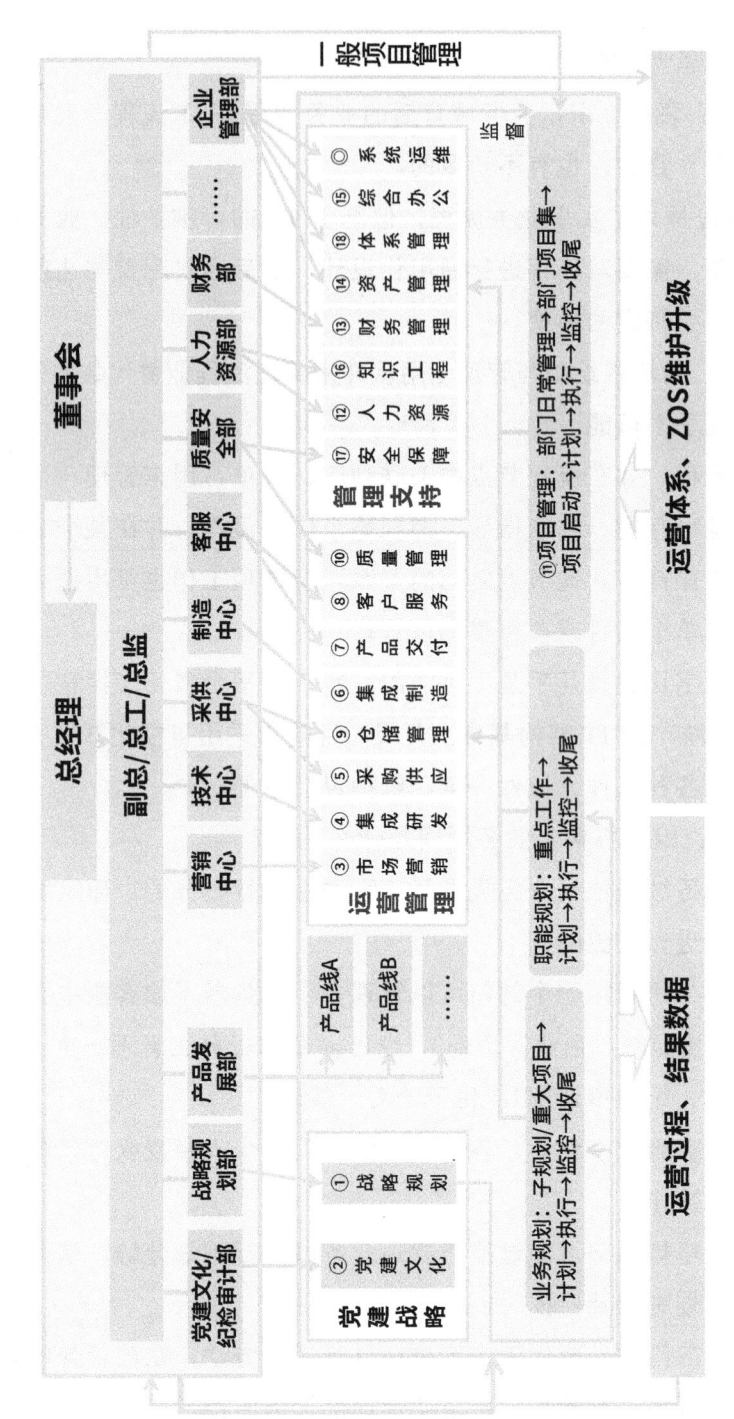

图 4-3 组织与业务域逻辑关系

（4）企业管理部（或称流程与IT部、运营管理部等）负责管理企业的运营体系及数字化系统的建设、维护升级，以确保对企业运营的有效支持。

（5）数字化系统的运行过程与结果数据，主要以各种图、表的形式呈现给相关人员，最终应能提供企业管理层所需的各种智能决策分析成果。

4.3 IT架构

4.3.1 应用架构

应用架构（Application Architecture）是描述IT系统功能和技术实现的内容。

1. 应用架构层次

应用架构分为以下两个不同的层次。

（1）企业级的应用架构：企业层面的应用架构起到了统一规划、承上启下的作用，向上承接企业战略和运营模式，向下规划和指导各个IT系统的定位和功能。在企业架构中，应用架构是最重要和工作量最大的部分，包括企业的应用架构蓝图、架构标准/原则、系统的边界和定义、系统间的关联关系等内容。

（2）单个系统的应用架构：在开发或设计单一IT系统时，设计系统的主要模块和功能点，系统技术实现是从前端展示到业务处理逻辑，再到后台数据是如何架构的。这方面的工作一般属于项目组的工作范畴，不过各个系统的架构设计需要遵循企业总体应用架构原则。

2. 应用架构设计视角

应用架构主要以架构图的方式描述系统的组成和框架，一般从系统功能和系统技术两个视角进行设计。

建设一体化数智工厂

（1）系统功能视角的应用架构：图 4-4 展示了 Zemic_ZOS 系统功能视角的应用架构，承接了业务架构中企业战略发展方向和业务运营模式，规划和指导企业各个 IT 系统的定位和功能。

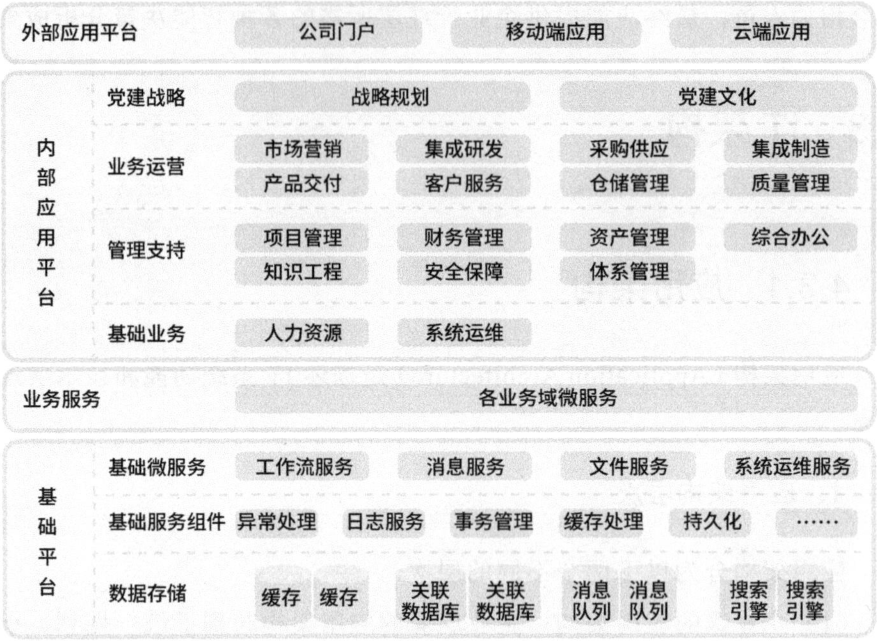

| 外部应用平台 | 公司门户 | 移动端应用 | 云端应用 |

内部应用平台：
- 党建战略：战略规划、党建文化
- 业务运营：市场营销、集成研发、采购供应、集成制造、产品交付、客户服务、仓储管理、质量管理
- 管理支持：项目管理、财务管理、资产管理、综合办公、知识工程、安全保障、体系管理
- 基础业务：人力资源、系统运维

业务服务：各业务域微服务

基础平台：
- 基础微服务：工作流服务、消息服务、文件服务、系统运维服务
- 基础服务组件：异常处理、日志服务、事务管理、缓存处理、持久化、……
- 数据存储：缓存、缓存、关联数据库、关联数据库、消息队列、消息队列、搜索引擎、搜索引擎

图 4-4　系统功能视角的应用架构

（2）系统技术视角的应用架构：基于面向对象设计原则，使用多层架构，以微服务的形式来组织系统。架构使用领域驱动设计来描述业务模型，使用缓存提升系统性能并存储实时业务数据，使用高级消息队列服务实现消息分发以及跨系统、跨环境的数据交互，提供全文检索功能。系统技术视角的应用架构如图 4-5 所示。

系统技术视角的应用架构说明：

数据存储：用于存储结构化以及非结构化数据，是整个架构的数据持久化层，支撑整个系统的运行。

基础服务组件：封装了异常处理、日志服务、事务管理、缓存处理、持久化等系统底层使用的组件，这些组件都是长期实践的积累，保证了系

统的稳定性与一致性。

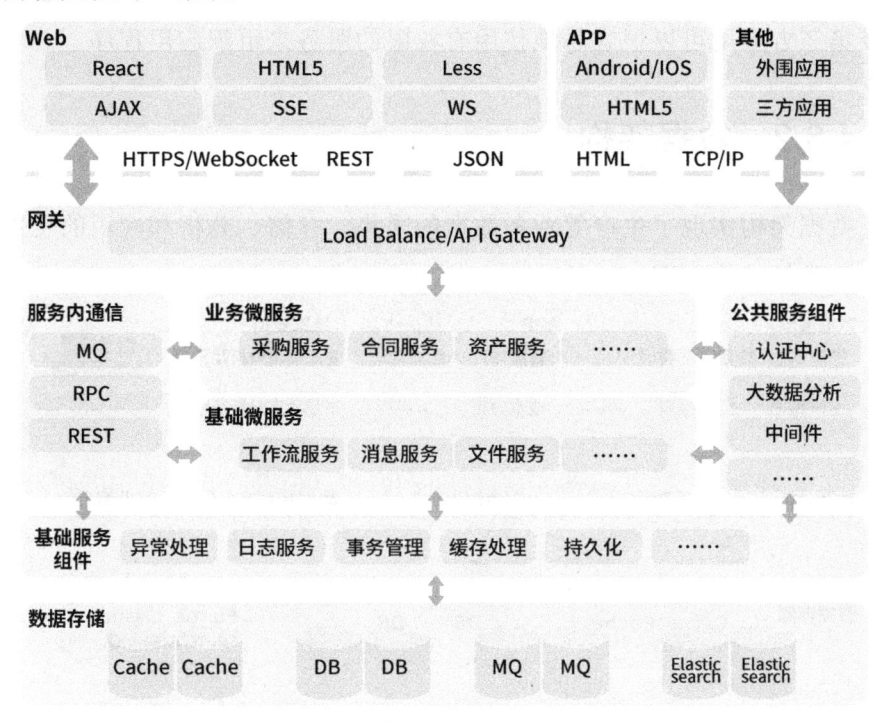

图 4-5　系统技术视角的应用架构

基础微服务：为系统提供工作流服务、消息服务、文件服务等基础能力，是其他模块运行的基础。

业务微服务：实现各业务功能，如采购服务、合同服务、资产服务等，为企业的业务运行提供支撑。

服务内通信：由于采用微服务架构，系统与系统之间的界限清晰，但是带来的问题是相关业务联动困难。这里使用消息队列、远程过程调用、RESTful API 等方式进行进程间通信，以解决跨微服务的业务。

公共服务组件：微服务统一的身份验证，大数据分析等采用的公共服务组件的方式，让微服务更关注自身业务，而不用考虑一些通用功能的实现。

网关：系统通过网关对外提供一致的接口，对应用端隐藏微服务复杂性，并可通过负载均衡技术实现系统的快速扩容。

客户端应用：由于采用 RESTful API 对外提供服务，Web 端、移动端以及第三方应用可以很容易地使用有权限的服务来组织应用程序。

4.3.2 数据架构

数据架构实现了生产等业务数据的采集、存储、分析和应用的全生命周期。数据架构如图 4-6 所示。

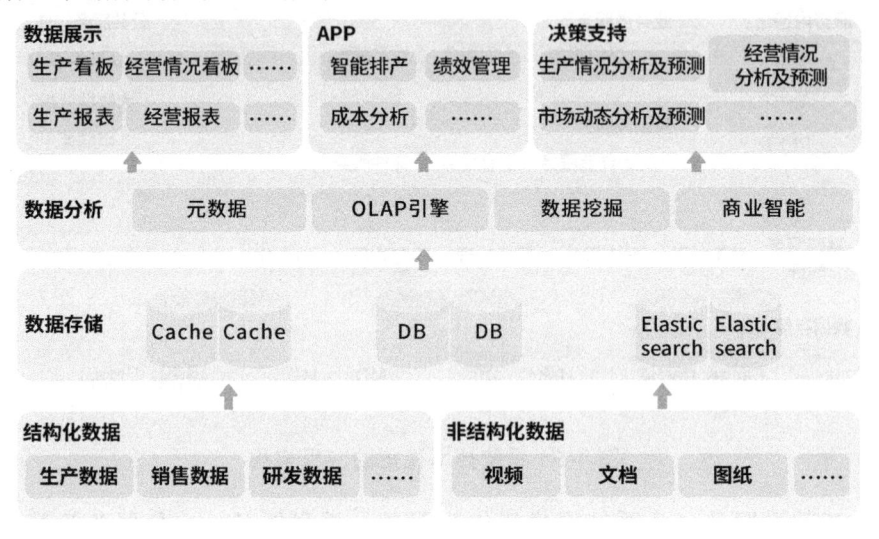

图 4-6 数据架构

1．数据采集

通过产线管理机或者 IOT 设备，采集生产过程的非结构化数据，用于产品检验及产品溯源。对各业务系统的结构化数据进行采集，用于支撑各业务系统运行，以及为后续的数据存储提供数据源。

2．数据存储

对采集到的数据，进行关系型、非关系型存储，用于业务数据记录与业务分析数据支撑。

3．数据分析

通过对存储的数据进行统计分析,将它们加以汇总、理解并消化,最大化地开发数据的价值,发挥数据的作用。

4．数据应用

在数据采集、数据存储、数据分析的基础上,对数据进行应用。如实时的生产看板数据展示,生成智能排产、绩效管理、成本分析等经营数据,以数据驱动业务高效运营,支撑决策分析,保障战略落地执行。

4.3.3 技术架构

作为应用架构和数据架构的技术实现,技术架构采用领域驱动的设计思想进行设计,具体实现使用六边形架构,如图 4-7 所示。

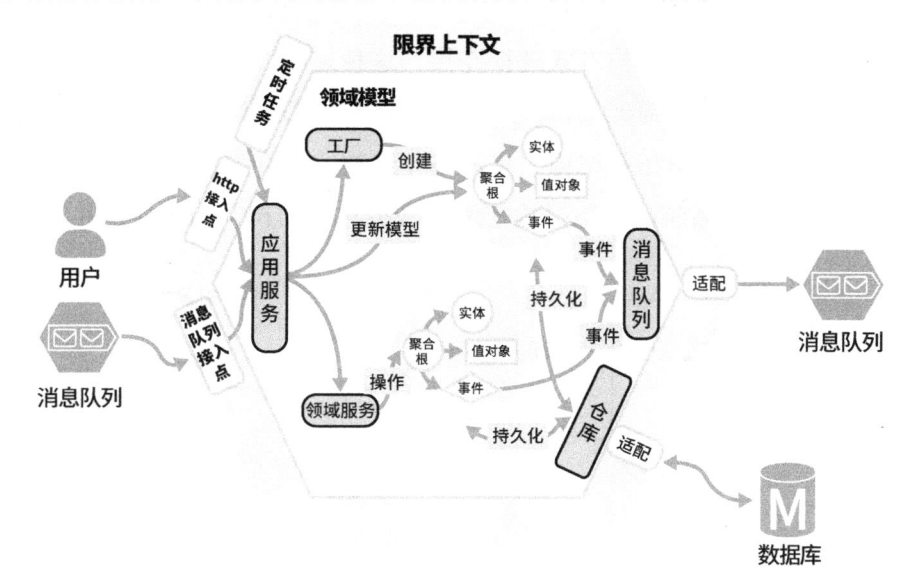

图 4-7 六边形架构

六边形架构是 Alistair Cockburn 在 2005 年提出的,解决了传统分层架构带来的问题,实际上它也是一种分层架构,只不过不是上下或左右关系,而是变成了内部和外部关系。在《实现领域驱动设计》一书中，作者将六边形架构应用到领域驱动设计的实现中，六边形的内部代表 Application（应用）和 Domain（领域）层，外部代表应用的驱动逻辑、基础设施或其他应用。内部通过端口和外部系统通信，端口代表协议，以 API 呈现。

4.3.4 基础设施架构

有了应用架构、技术架构以及可运行的软件之后，就需要基础设施承载我们的应用。

基础设施架构是对服务器、网络、存储等支撑数字化运行的硬件环境的规划。网络作为信息传递的高速公路，在基础设施中扮演着重要的角色，这里着重介绍 Zemic_ZOS 系统的网络架构。

网络架构是指用传输媒介对各种设备进行连接的物理布局，即用什么方式把网络中的计算机等设备连接起来。网络中的计算机等设备要实现互联，就需要以一定的结构方式进行连接，这种连接方式称为拓扑结构，它描述了网络设备是如何连接在一起的。目前常见的网络拓扑结构主要有总线型拓扑结构、环形拓扑结构、星形拓扑结构、混合型拓扑结构等。

Zemic_ZOS 系统的网络架构使用混合型拓扑结构，如图 4-8 所示。

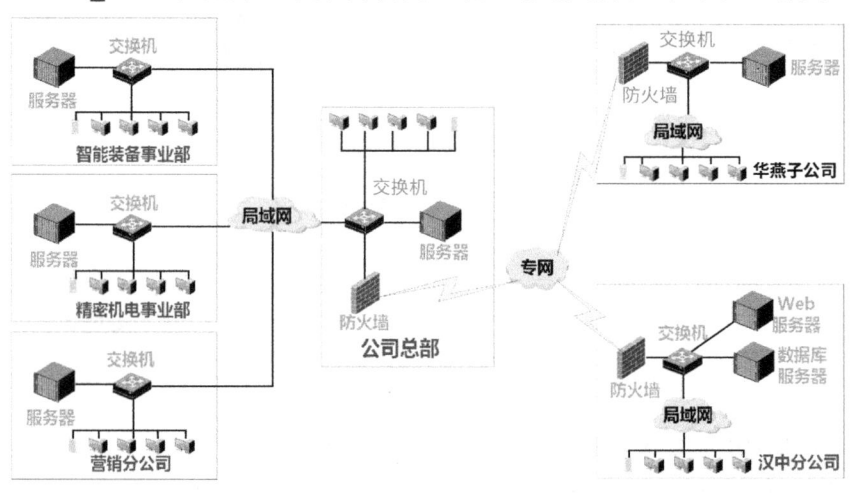

图 4-8 网络架构

采用星形拓扑可实现同一地域企业内部网络的互联互通；使用总线型的专线可实现跨地域分支机构的互联互通，形成企业统一的网络环境，为数字化系统业务开展、数据交换提供基础保障。

4.4 软件实施

4.4.1 软件部署

企业数字化软件的部署方式由软件的结构决定，目前主流的两大软件结构分别是 C/S（Client Server，客户端/服务器）和 B/S（Browser Server，浏览器/服务器）。

C/S 结构需要用户先在服务器上部署服务端系统，然后在每一个用户的计算机上安装相应的客户端软件。B/S 结构则是将数字化软件系统部署在服务器上，用户通过浏览器输入系统的 IP 地址或者域名进入系统。C/S 架构与 B/S 架构软件部署对比图如图 4-9 所示。

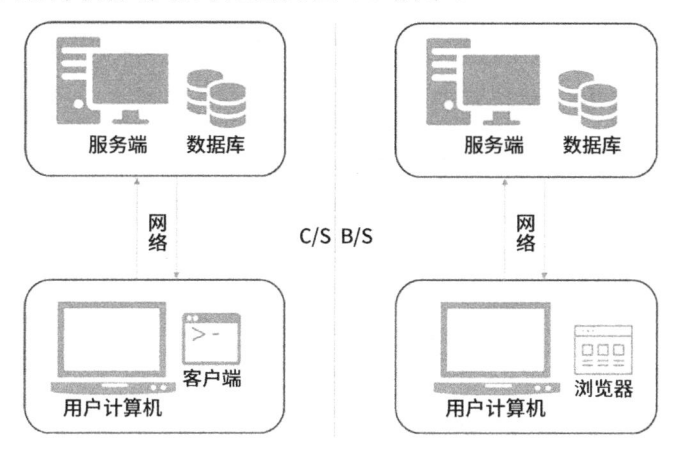

图 4-9　C/S 架构与 B/S 架构软件部署对比图

从技术上来说，这两种结构各有千秋，如何选择主要取决于企业的需求。就目前数字化软件发展的趋势来看，B/S 结构的部署模式优势更加明显。

Zemic_ZOS 就是使用 B/S 结构设计和开发的，在充分考虑并分析数字化中遇到的实际问题后，采用分布式部署、数据汇总集成的方式进行系统部署，如图 4-10 所示。

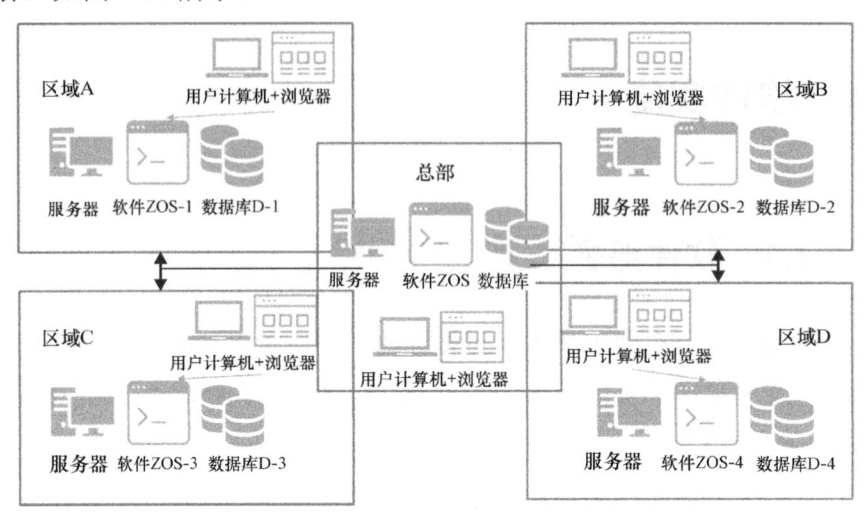

图 4-10　Zemic_ZOS 分布式部署示意图

分布式部署模式可以根据企业的规模和业务量进行灵活调整。对于规模较小的企业，集中部署在总部的中心机房即可。对于规模较大的尤其是多地区经营的企业，更适合"总-分"的部署模式，即在总部部署一套完整的系统，各个重要区域根据其业务重点部署一套子系统，区域内可独立运行，也可以同总部系统进行数据同步。这样可以做到在网络异常中断时，各分区域依然可以正常运行；网络畅通时，系统进行数据同步，分区域的子系统可以和总部系统直接对接。

从另外一个角度来看，分布式部署也减轻了服务器的压力，原来一个服务器完成的工作，可以由多个服务器共同完成，避免了因服务器故障导致全系统崩溃的情况，系统稳定性、健壮性以及数据安全性大幅提高。

下面从企业数字化软件的运行效率、运维管理、集团化三个方面，分析软件部署对数字化系统的影响。

第 4 章 企业架构

1. 运行效率

想让数字化系统软件运行流畅、高效，硬件如何做到最优配置，服务器配置越高、网络带宽越大就越好吗？答案是否定的。

数字化建设是一项高投资的项目，企业在软件采购上面动辄花费数百万之甚至上千万之，对服务器、网络设备等硬件的采购更是不惜重金做到顶配。C/S 结构的数字化软件通常非常庞大，无论你是否使用全部功能，都需要全部安装才能正常使用，这就出现了小马拉大车的现象，经常出现系统运行停顿、延迟、崩溃。

如何解决这个问题的呢？

如图 4-11 所示，Zemic_ZOS 将数据库和数字化系统全部集中部署于中心机房，通过网络为企业的业务运营和管理支持提供服务。所有的数据计算和处理均在中心机房的服务器上进行，企业只需要保障中心机房的服务器配置、网络带宽足够即可，无须再考虑用户端的计算机配置问题。这样一来，小马拉大车的问题就迎刃而解了，重金筹建的"高速公路"也可以正常发挥应有的作用。

2. 运维管理

数字化软件上线后日常的更新维护有便捷的方法吗？是否也能做到自动化，甚至是智能化？答案是肯定的。

数字化建设不是一劳永逸的，随着企业不断发展，数字化的脚步也在不断前行，维护与更新便成了企业的重要工作。规模较小或者一般的企业，可以通过外包的方式将数字化系统的运维分包给供应商，中、大规模或者性质特殊的企业需要组建自己的运维部门。

运维工作通常会出现特别忙和特别闲两种极端状态。在系统稳定的时候，鲜有工作量，但是当系统需要更新时，运维人员经常忙不过来。原因在于，软件可能是采用 C/S 结构部署的，或虽然是 B/S 结构但还停留在纯手动发布管理阶段。在服务器上手动部署，花费的时间较长，且过程中一

建设一体化数智工厂

旦出现纰漏，整个系统的上线运行计划将会受到严重影响，甚至影响到原系统的稳定。

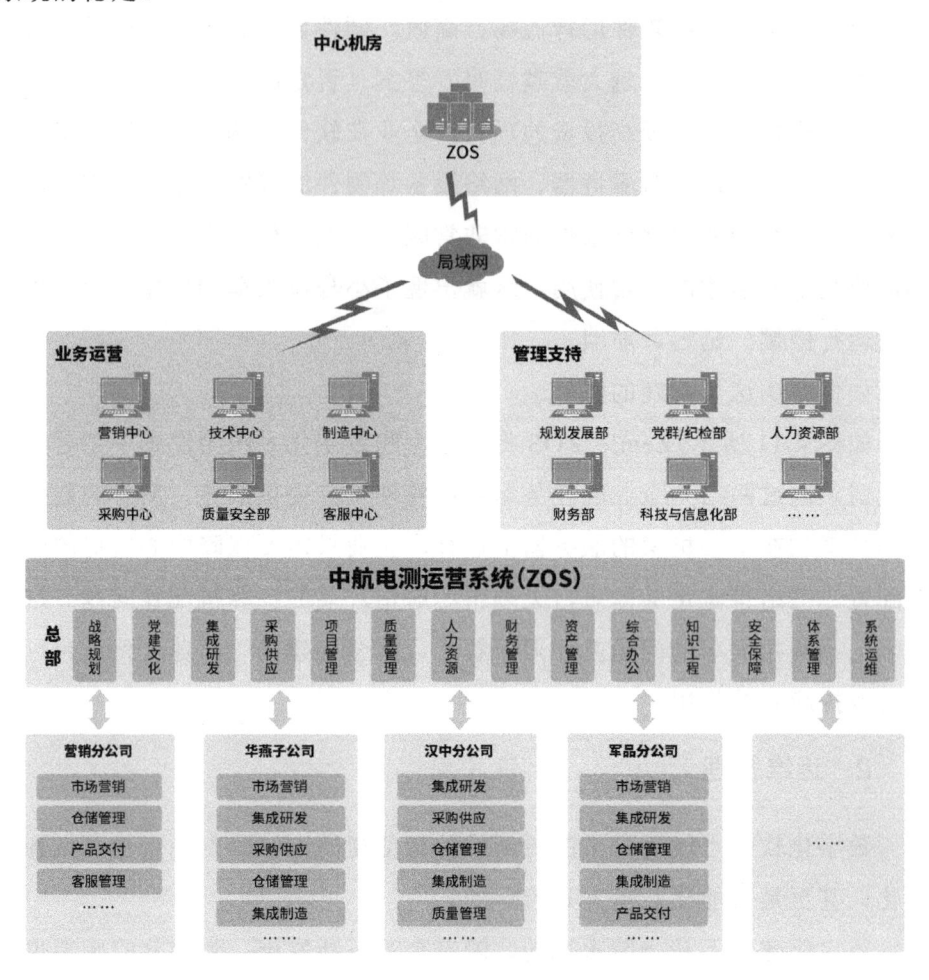

图 4-11　Zemic_ZOS 集中式部署示意图

如何解决这个问题呢？

在分布式部署的基础上，可增加自动部署技术来解决这个问题，如图 4-12 所示。

图 4-12　自动部署流水线

所谓自动部署就是采用自动编译、自动发布的软件来管理数字化系统的更新和发布过程。由于整个过程全自动，因此不会出现任何纰漏，且更新时间可以设定在凌晨这样用户很少使用的时间段。

如此，企业的运维管理部门得以从烦琐而低效的工作中解放出来，全力投入数字化系统的优化工作，每次数字化系统的升级和更新也不需要劳师动众，用户在不知不觉中便完成了系统的更新升级。

3. 集团化

数字化软件能否伴随企业的发展和扩张进行快速的复制、扩展、业务数据打通？答案也是肯定的。

现代企业的发展速度是非常迅猛的，不再受限于区域隔离问题，因此，跨区域、跨国的集团化企业越来越多。虽然目前主流的数字化系统也能够做到快速复制、快速部署，但是无法做到快速打通业务数据到原系统中，只能通过二次集成的方式将新系统与旧系统对接，这既浪费了时间，也消耗了大量资金。

那么如何做到复制后业务数据迅速打通呢？前面已经介绍过，分布式的部署可以进行子系统的再拆分、数据库的再拆分。也就是说，即使是企业仅仅成立了一个营销部门，也可以单独部署一个营销子系统进行运营管理，而这个营销子系统是可以单独拆分出来进行数据存储的，然后通过数据库间的数据同步汇总到原系统中，这样总部即可获取新部门的数据，原营销系统也可以获取新营销系统的数据，也就做到了新的子系统直接与原系统数据的打通，如图 4-13 所示。

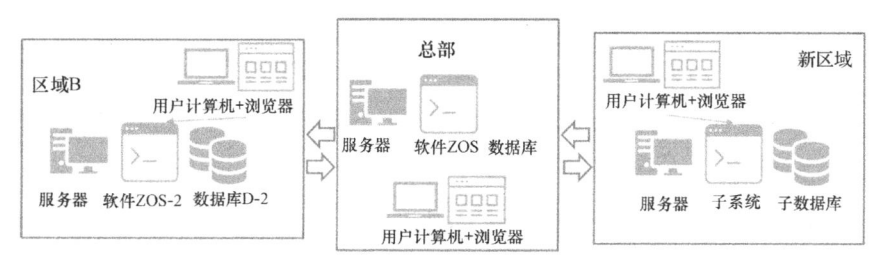

图 4-13　快速复制与数据打通

这样的设计，可以让集团化企业在跨区域部署和组织机构扩张时，以最小的代价和最快的速度完成数字化覆盖。

4.4.2 第三方接口对接

即使是最粗壮的树干也无法独立撑起一座楼台，何况是一幢大厦。企业数字化建设包括多种数字化系统组件，如门户系统、运营管理系统、财税系统，甚至还有各种定制化的工具软件。优秀的软件系统通常会为用户预留丰富的第三方接口，以便用户能够更好地集成其他软件系统，如图4-14所示。

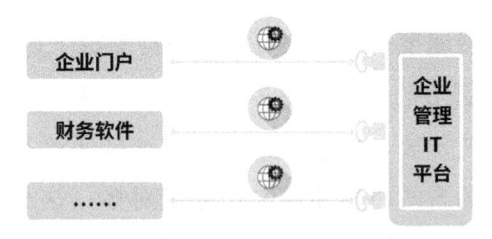

图 4-14　第三方接口

但是，也会有部分自我保护意识非常强的软件供应商，以保护数据安全和稳定性的理由仅提供极少或者条件非常苛刻的接口。当然，无论是从用户角度还是从技术的角度，我们都提倡包容、开放、共享的态度，所以在设计对外接口时，应完全开放，把选择的机会交给用户，让数据的流转更加通畅。

下面以 Zemic_ZOS 与企业门户对接为案例，介绍第三方接口是如何提高数字化系统间的工作效率的，如图 4-15 所示。

由图 4-15 可知，如果门户网站系统和运营管理平台之间通过接口对接，企业不仅可以减少人工转接的工作量，同时也将运营管理平台这个内循环扩展到了生产和交付的外循环。

所以，从这点就能够发现，合理的软件系统间的接口设计和规范建设，能够让数字化系统更好地为企业服务。

图 4-15 门户网站第三方接口示例

第 5 章　数字化运营管理平台

在前面几章的内容中，我们基于企业实际运营逻辑分析，厘清了战略规划、运营管理、管理支持各业务域之间的关系，形成了企业的业务架构和 IT 架构，并在此基础上，组建团队进行各业务域软件功能的设计与开发，形成了 Zemic_ZOS 平台。

注：因信息安全要求，本章所涉及数据均为虚拟数据。

5.1　平台介绍

5.1.1　功能与特点

Zemic_ZOS 功能架构示意图如图 5-1 所示，采用一体化架构，消除了数据孤岛，系统经过自顶向下的设计过程，达到了数据的完整性、一致性，进而无须进行数据治理，主要特点如下：

（1）全过程管理要素的采集，从战略制定到战略落地全过程可监控。

（2）全流程贯通，业财一体、业管一体。

（3）支持集成研发协同平台的打造，支持控制流、实物流、智能建筑系统互联，打造智能工厂。

（4）构建决策模型，利用各要素数据进行决策分析，提升智能化水平。

（5）支持集团化管理、跨企业集成供应链管理。

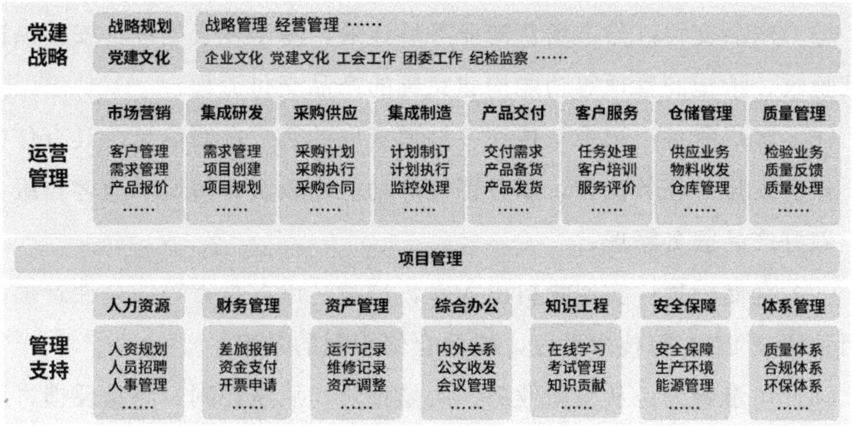

第 5 章 数字化运营管理平台

图 5-1 Zemic_ZOS 功能架构示意图

5.1.2 业务域介绍

1. 党建战略

（1）战略规划：建立覆盖战略规划、年度经营计划、专项计划等多方面的计划体系，形成规划→计划→执行→验证→完成的闭环管理。

（2）党建文化：围绕大监督等核心业务，建立明晰责任→梳理问题→监督检查→推动整改→规范管理的闭环管理机制。

2. 运营管理

（1）市场营销：实现客户管理、商机管理、合同管理、订单追踪等功能，并与财务管理打通。

（2）集成研发：以需求工程为核心，利用项目管理的思想实现项目从创建到收尾的全生命周期管理。

（3）采购供应：实现从采购需求、采购计划、采购合同到采购执行的全过程管理。

（4）集成制造：实现从订单接收→计划制订→生产排产→生产加工→产品入库全过程管理要素的采集与管控。

77

（5）产品交付：与市场营销业务域连通，基于发货处理、安装调试、产品验收、承运商管理等功能构建完善的产品交付流程。

（6）客户服务：记录与传递多渠道获取的客户反馈信息，具有任务登记、任务安排、任务执行、服务评价等功能，以支持快速响应客户服务请求，做好产品服务管理。

（7）仓储管理：实现物料出入库、调拨、库存盘点等综合性管理，并利用条码及PDA等技术手段，提升仓储管理的效率。

（8）质量管理：从检验业务、质量预防、质量控制、质量反馈、质量分析、质量处理、质量改进、质量追溯等方面，实现质量数据全过程管理。

3. 管理支持

（1）人力资源：具有人资规划、人员招聘、绩效管理、人事管理、干部管理等功能，支持人力资源数字化管理。

（2）财务管理：通过报销申请、回款管理、票据业务、成本计算、管理报表等功能，与企业总账系统进行对接，辅助进行全面财务管理。

（3）资产管理：实现固定资产从申购、入账、领用、维护、质检、报废等资产全生命周期数字化管理。

（4）综合办公：通过办公协同、公告、自定义表单、流程引擎、个人工作台等高效解决日常办公事务。

（5）知识工程：具有文库资源、培训计划、课程学习、课程考试等功能，支持员工能力提升和培养；通过CBB管理功能进行企业知识资产的管理。

（6）安全保障：主要是与智能建筑等相关的系统进行数据互联，统一进行监控，如安防、能源等。

（7）体系管理：是将各类体系的管理要素进行结构化的梳理记录，然后将各要素融入相应业务域的各业务流程中去执行，再对管理要素执行结果进行分类展示。

5.1.3 组合应用

Zemic_ZOS 平台按一体化架构构建并运行，但也可以单业务域独立运行，支持分步建设；还可以多业务域组合运行，常用的 4 种组合模式如下。

1. 数字营销

将市场营销、产品交付、客户服务、仓储管理、质量管理、财务管理、体系管理等业务域的部分功能组合应用，如图 5-2 所示。

图 5-2 数字营销功能组合图

2. 数字研发

将市场营销、集成研发、采购供应、集成制造、仓储管理、质量管理、财务管理、知识工程等业务域的部分功能组合应用，如图 5-3 所示。

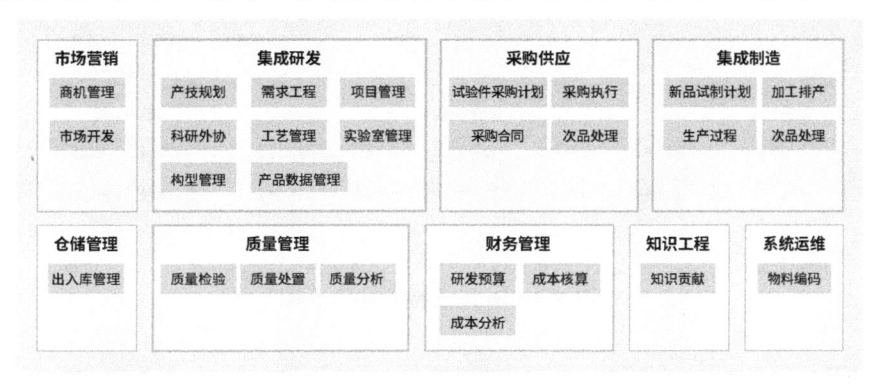

图 5-3 数字研发功能组合图

3．智能制造

将市场营销、集成研发、采购供应、集成制造、产品交付、仓储管理、质量管理、财务管理等业务域的部分功能组合应用，如图5-4所示。

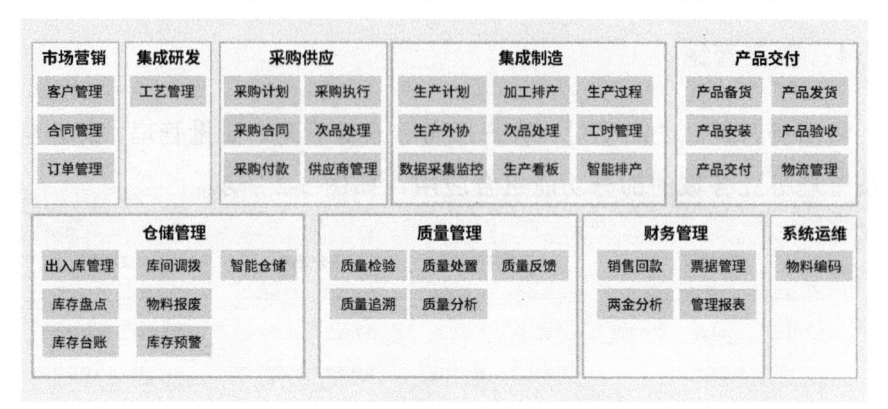

图5-4 智能制造功能组合图

4．管理支持

将战略规划、党建文化、项目管理、人力资源、财务管理、综合办公、知识工程等业务域的部分功能组合应用，如图5-5所示。

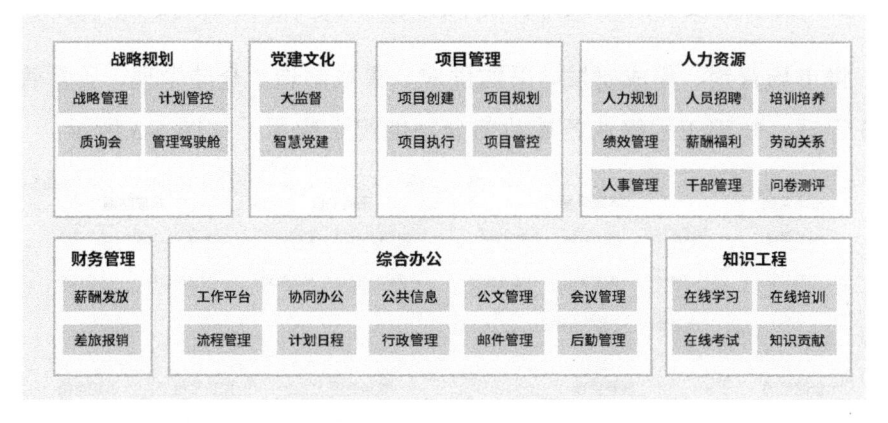

图5-5 管理支持功能组合图

第 5 章 数字化运营管理平台

5.2 战略与计划管控

本节以中航电测所在中国航空工业集团有限公司为例,讲解如何承接上级的计划和要求,以及如何结合自身的战略规划,逐层下发至各独立的经营单位进行执行。

5.2.1 战略分解

中国航空工业集团有限公司的战略规划制定后,应逐层分解:
- 将集团任务指标分解为二级板块任务指标;
- 二级单位梳理出本单位的 1 号文、2 号文和专项计划;
- 对于需本单位完成的内容,分解为月度计划;
- 对于需要由下级单位承接的工作,由下级单位梳理并形成所属单位的 1 号文、2 号文和专项计划。

各层级规划分解、承接关系如图 5-6 所示。

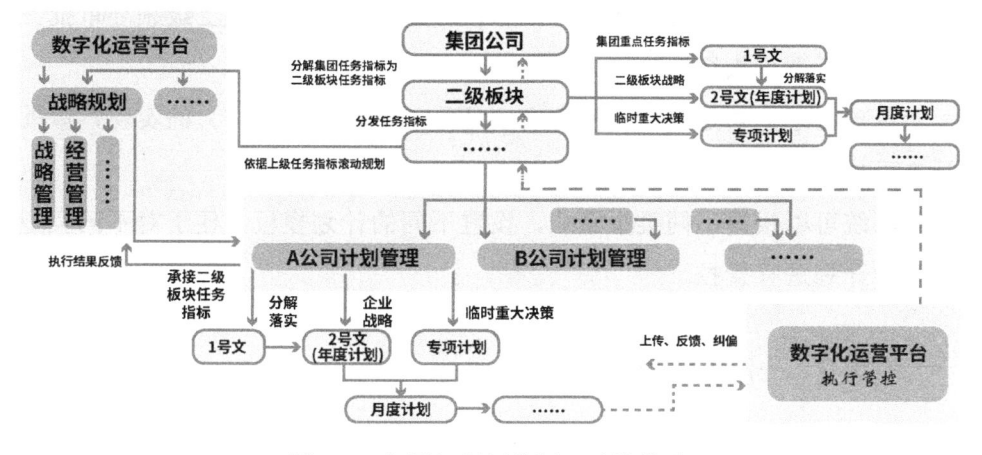

图 5-6 各层级规划分解、承接关系

5.2.2 计划执行

各类计划制订后,即可开始执行计划。下面以 1 号文、2 号文和专项计划三个场景为例说明。

1 号文主要涉及高层和各部门主要负责人,计划制订好后按照要求执行即可,如图 5-7 所示。

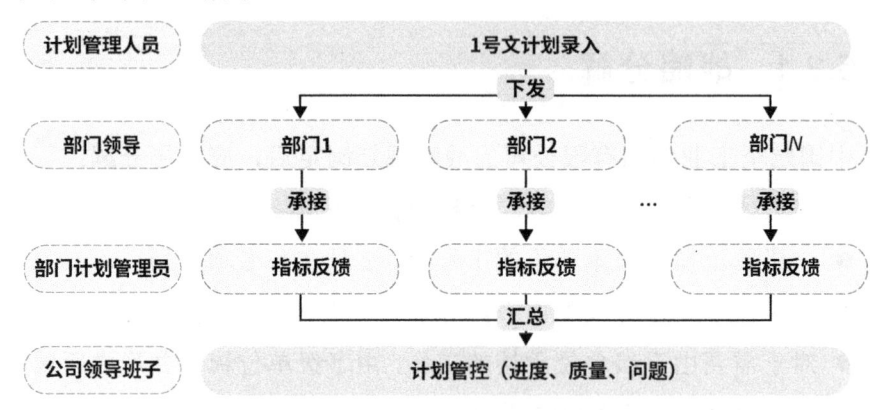

图 5-7 1 号文计划执行示意图

2 号文是各部门工作计划的汇总,计划制订后,需经上级领导审批,审批通过后方可执行。

专项计划主要是对特定任务(多是跨部门协同的工作)的实现,审批后方可执行。

系统可以根据不同类型企业,设置不同的计划模板,便于对不同类型企业的计划进行管控。

5.2.3 计划管控

计划执行中,需对计划的执行情况进行管控,便于对出现的问题及时进行干预,促进目标的实现。Zemic_ZOS 系统中对 1 号文、2 号文和专项计划等实现了管控,如图 5-8 所示为 2 号文管控界面。

图 5-8　2 号文管控界面

5.2.4　反馈与迭代

一般在年底时，各计划的执行情况均已确定。通过驾驶舱，领导可直观地查看当前年度指标的完成情况，并对达不到预期的指标通过逐层查看了解详细进展，便于对问题进行分析与改进。

通过对年度执行情况的分析以及未来市场行情等的分析预测，及时调整、迭代公司规划，使规划更具指导性和实践性，指导公司朝着目标不断前进。

5.3　运营价值链

信息化和工业化的融合，在经历了单点建设、综合集成后，正走向协同创新。从单点建设到综合集成，可通过局部修改来实现，为此也需要付出较大的成本。企业要走向协同创新、智能制造就需要打通整个运营价值链，从而支撑企业的一体化运营，打造企业可持续发展的竞争力。

Zemic_ZOS 价值链需求信息流示意图如图 5-9 所示。

下面以市场营销、集成研发、采购供应这 3 个业务域为例进行介绍。

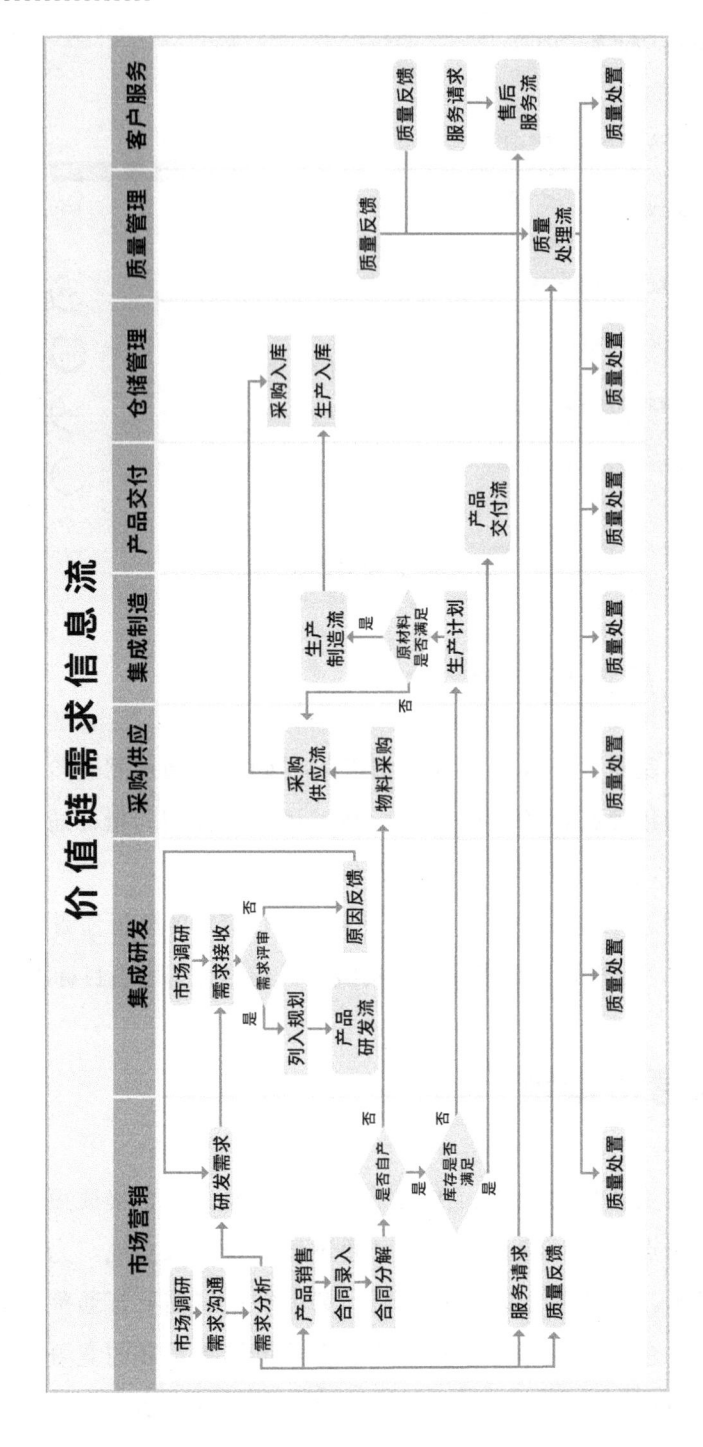

图 5-9 Zemic_ZOS 价值链需求信息流示意图

5.3.1 市场营销

1．主要功能

市场营销作为企业运营价值链的对外门户，担负着市场信息与订单的录入、传递、跟踪等职能。市场营销功能模块图如图 5-10 所示。下面就主要模块介绍如下。

（1）客户管理：以客户数据管理为基础，记录企业在营销过程中与客户发生的各种交互行为及活动状态，为后期的分析和决策提供支持。

（2）需求管理：为营销人员提供需求提交与分析的入口，并将相关信息传递至研发部门、制造部门、售后服务与质量部门，并通过跟踪与监控等功能，促进需求及时传递与执行。

（3）产品报价：根据产品的成本，结合市场的行情，做出通用报价；根据销量不同，进行阶梯报价；根据区域及客户信誉等级，进行差异报价。

（4）合同管理：以合同生命周期为核心，扫清合同管理盲点，科学管控合同签订至回款管理的全流程。

（5）预投管理：根据历史交易，结合产品市场占比及供需关系，管理热销产品的预投计划，为客户提供敏捷服务。

（6）外贸管理：针对海外市场，集中解决单据费用规则不一、种类繁多这一痛点问题。

2．需求传递

来自市场的需求信息，按产品生命周期分为三个阶段：开发阶段（需求信息到形成产品，即产品孕育阶段）、定型阶段（已有成熟产品可直接销售）、使用阶段（为客户提供售后服务）。

需求分为研发需求、产品销售、质量投诉、服务请求等 4 类。市场需求传递流程图如图 5-11 所示。

建设一体化数智工厂

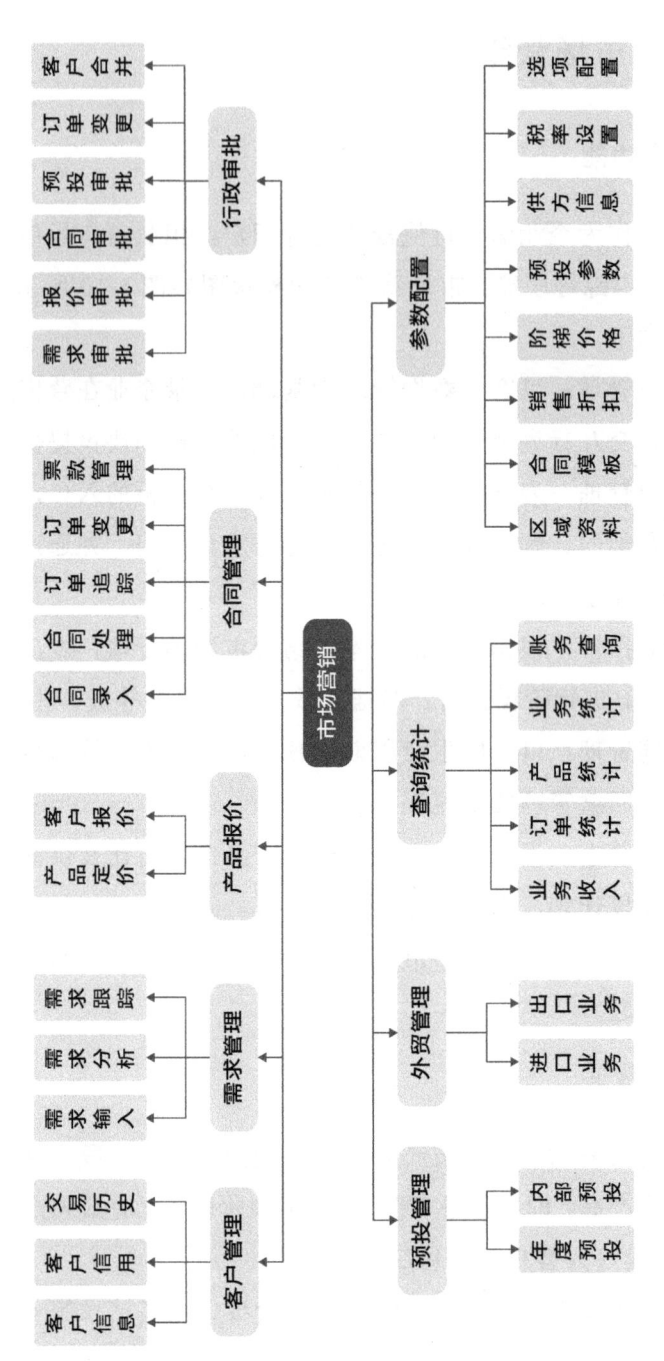

图 5-10 市场营销功能模块图

第 5 章　数字化运营管理平台

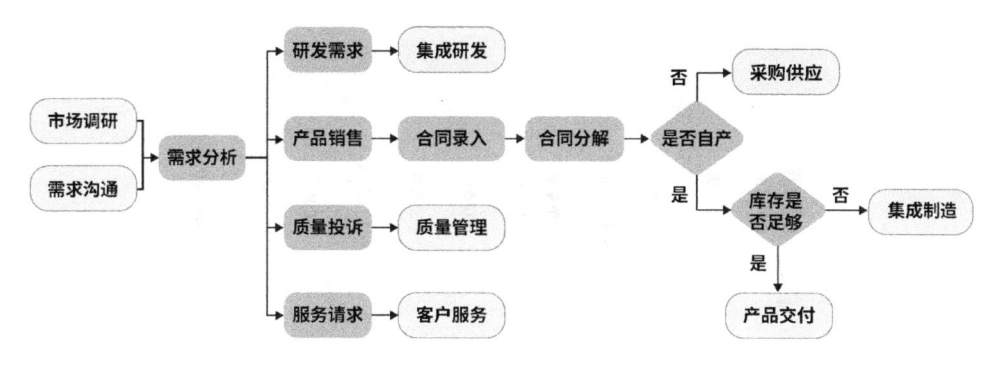

图 5-11　市场需求传递流程图

（1）对通用新品开发、定制开发与技改需求信息，传递至集成研发模块，为产品开发或技改提供决策依据。

（2）对定型产品的需求信息，在市场营销模块中进行需求跟踪记录，转换成订单后，传递至采购供应模块、集成制造模块进行采购与排产，或传递至产品交付模块做发货安排。

（3）对服务请求信息，传递至客户服务模块。

（4）对质量投诉信息，传递至质量管理模块。

5.3.2　集成研发

运用项目管理的思想来实施全流程管理，这样的设计能够真正做到通用化，使数字化得到落地实施。Zemic_ZOS.IPD 功能模块图如图 5-12 所示。

从项目创建开始，研发项目的生命周期便开始了，依次开展项目计划、计划实施、流程管控以及成果管理。研发项目管理流程如图 5-13 所示。

（1）产技规划：将产技规划相关数据进行结构化录入，将报告作为附件上传。

（2）需求分析：进行需求录入、分析、评审、分配、追踪的全生命周期管理。

（3）项目创建：对于列入规划的需求，在立项评审通过后，会被创建成项目，并成立研发团队开展工作，需求会被转换为开发目标。

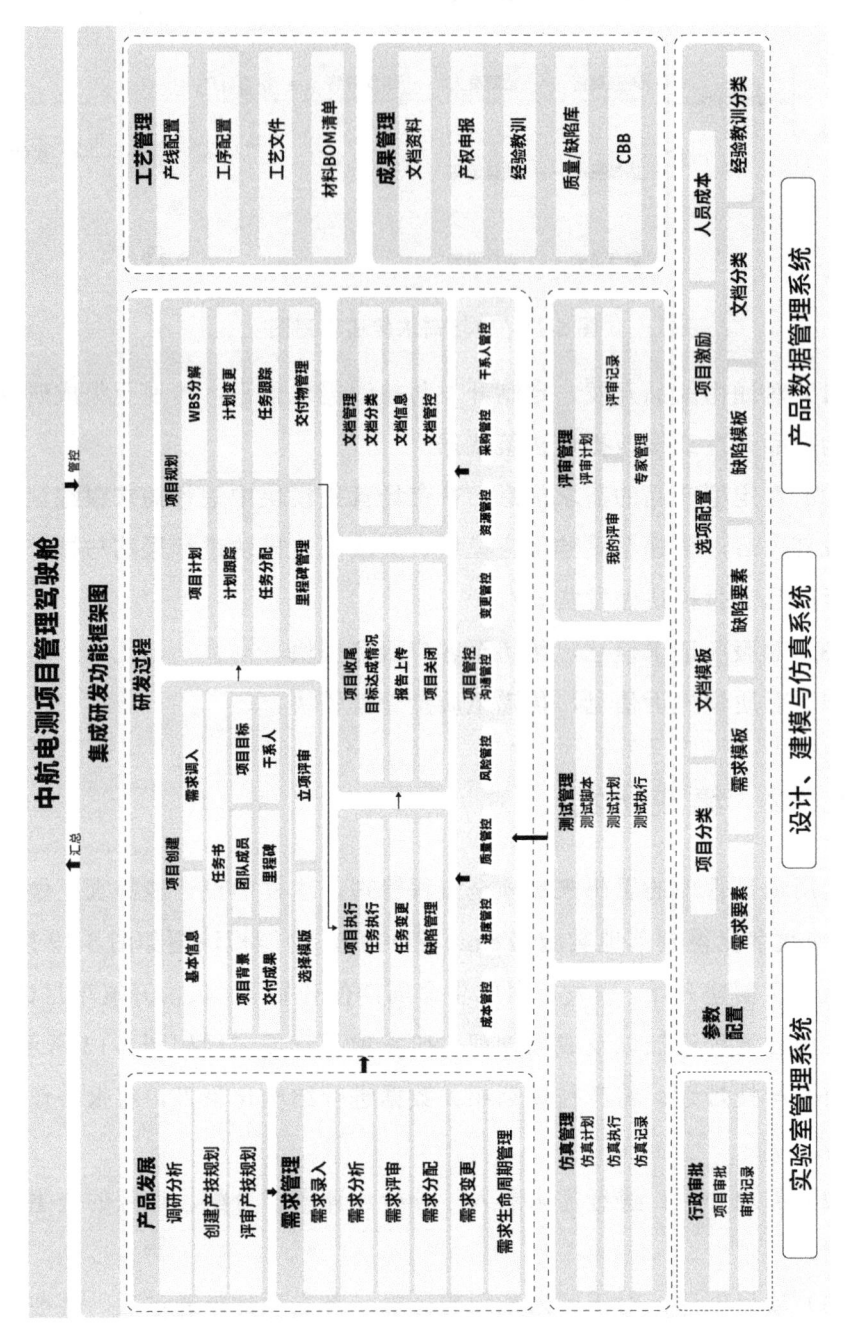

图 5-12 Zemic_ZOS.IPD 功能模块图

第5章 数字化运营管理平台

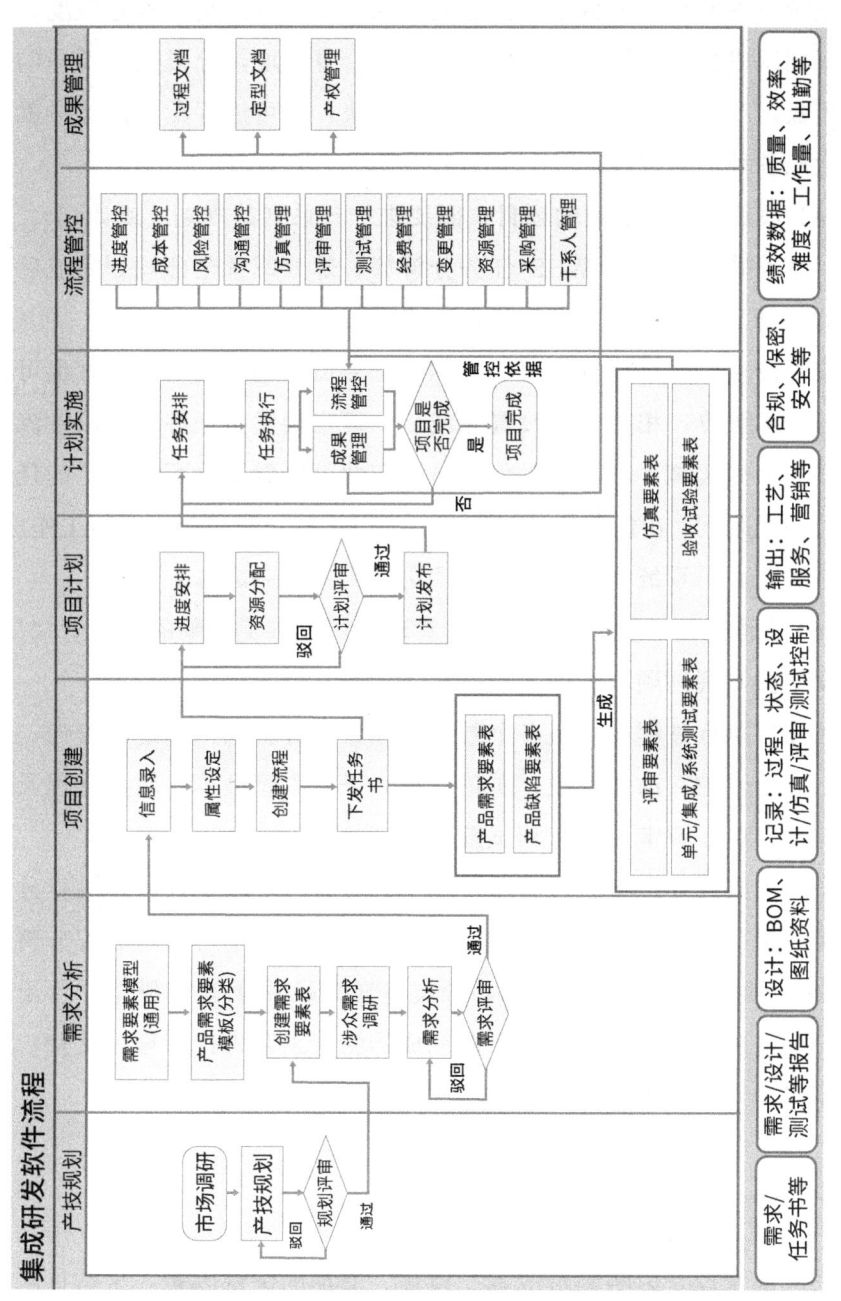

图 5-13 研发项目管理流程

该阶段主要是对项目基本信息的录入，如项目级别、紧急程度、需求类型、团队成员等。根据项目内容、周期、复杂度，分类创建不同的项目流程模板。项目创建时可以实例化流程模块，并可进行配置，这样就可柔性地适应各种项目流程。

（4）项目计划：创建的项目，需要进行一系列的规划（或计划），包括预算、里程碑设置以及 WBS 任务分解等。部分或者全部规划完成后，可以启动项目，并将任务下发到项目组成员。

该阶段主要是对项目进度、里程碑、人员等进行设定，同时也可以进行项目成本预算。相关信息设置完成后，可直接发布任务进入研发流程。

（5）计划实施：项目组每位成员，在此可以看到分配给自己的任务、要求及完成时间。在任务执行过程中，可以进行日志填报、上传工作成果。如果任务完成，系统将任务状态自动更新为"已完成"。

（6）流程管控：项目管控为项目管理人员提供了完整的项目管控工具，助力项目按照规划顺利进行。

在项目执行过程中会从多个维度对项目进行管控，如进度管控、成本管控、风险管控、沟通管控、质量管理、干系人管理等；质量管理又被分解为仿真管理、评审管理和测试管理。

（7）成果管理：将项目研发过程中的资料和阶段成果自动进行分类汇总，确保项目过程资产得到有效的归档管理；项目中可公用的部分整理形成 CBB，供其他项目研发使用。分类建立产品质量/缺陷模型，便于对全过程各环节进行质量控制；对研发完成的生产工艺进行管理，支持一个产品匹配多个工艺版本。

5.3.3 采购供应

供应链管理是影响制造成本、质量、交期的关键因素。采购供应功能模块图如图 5-14 所示。下面就主要模块介绍如下。

第 5 章 数字化运营管理平台

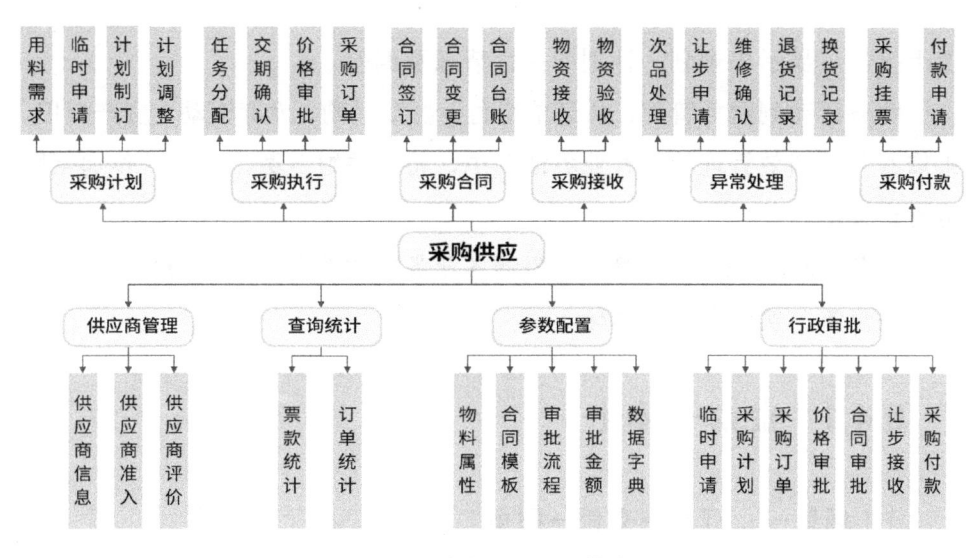

图 5-14 采购供应功能模块图

（1）采购计划：采购计划包括年初制订的采购计划（含固定资产采购计划）、仓储管理的安全库存采购计划、集成制造的原材料采购计划等。

（2）采购执行：对于新物料需进行采购询价、采购议价、供应商确定等流程，如果是已采购过的物料，则系统可自动进行采购订单分配。

（3）采购合同：与采购订单进行匹配，完成合规管理要求。

（4）采购接收：物资到货后，需要安装的则进行安装，需要质检的转至质量管理模块，进行采购验收。

（5）异常处理：对采购过程中的异常情况进行处理，包括退货处理、换货处理、采购索赔、维修等。

（6）采购付款：根据合同付款约定，到期提醒采购员履行付款。

（7）供应商管理：对供应商基本信息进行维护，并通过物料质量、采购交期、付款方式等多个维度进行供应商评价。

5.4 管理一体化

战略与计划管控：企业运营后产生的过程及结果数据，通过逐层反馈及上报，可显示出规划、计划的执行情况及偏差。

业务活动到财务管理：从订单交付、物资采购、库存变动、资产折旧、维修服务、绩效管理等各种业务活动中，将相关财务数据汇总，传递至财务管理模块。

业务活动与OA办公管理：贯通各业务域的业务活动与OA办公系统之间信息流，实现业管一体化。

5.4.1 业财一体化

1．场景一：订单→交付→财务

根据市场营销模块传递的4类需求，衍生出相关的财务数据，如图5-15所示。

（1）产品研发类需求：形成研发成本。

（2）产品销售类需求：

① 如果是采购产品，则形成采购成本、入库后的资金占用成本、交付时的物流成本。

② 如果是自产产品，则形成原材料采购成本、生产加工成本、产成品入库资金占用成本、产品交付物流成本。

（3）对于服务请求类需求：

① 如果是收费类的，则产生服务收费。

② 如果是非收费类的，则产生服务成本。

（4）质量反馈类需求：形成质量处置成本。

2．场景二：绩效→工资→财务

一般企业的员工根据岗位可分为销售人员、研发人员、技能人员、服务人员、管理人员等5类。绩效→工资→业务信息流示意图如图5-16所示。

第 5 章 数字化运营管理平台

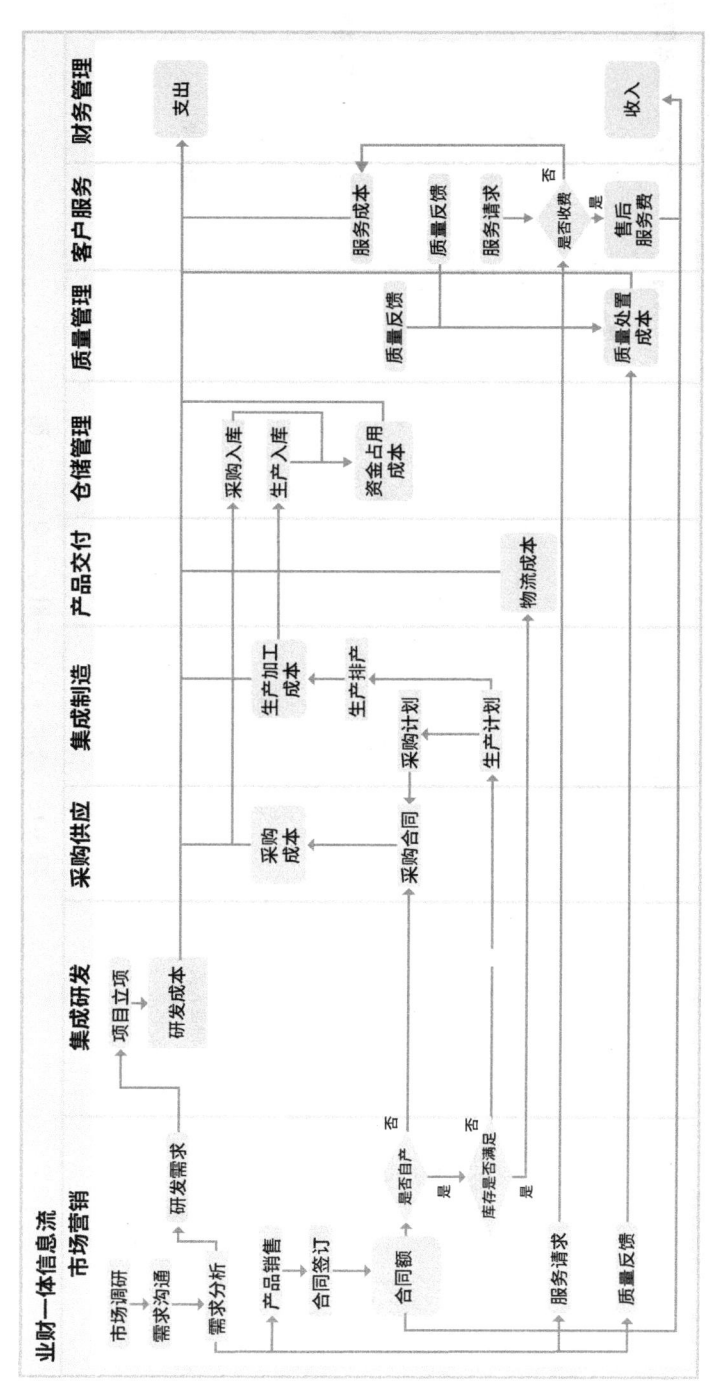

图 5-15 订单→交付→财务信息流示意图

建设一体化数智工厂

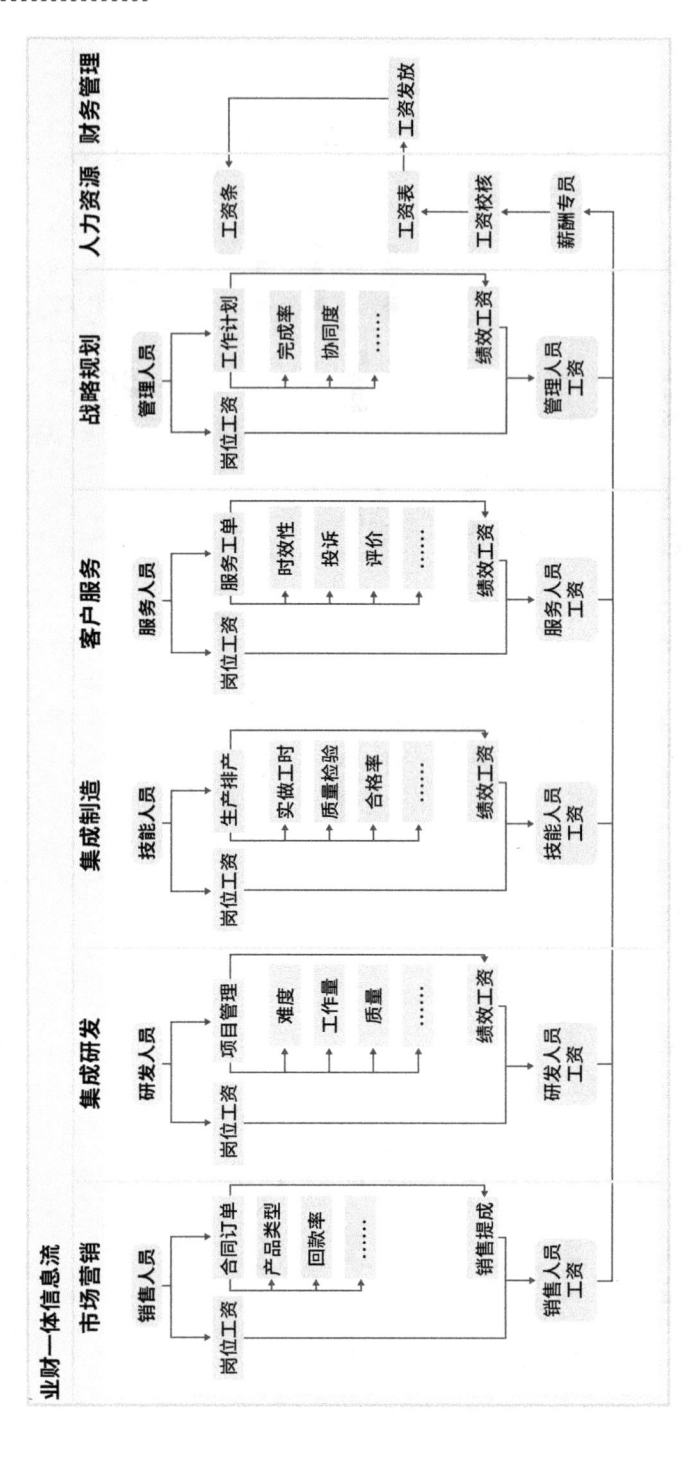

图 5-16 绩效→工资→财务信息流示意图

（1）销售人员：可根据市场营销业务域中合同订单的签订和执行情况获取销售提成，形成对应的绩效工资。

（2）研发人员：可根据集成研发业务域中项目管理数据，统计出每位研发人员所参与项目的工作量、质量、难度等指标，形成对应的绩效工资。

（3）技能人员：通过集成制造业务域对生产全过程要素进行的采集，统计出员工的工时、合格率等信息，形成对应的绩效工资。

（4）服务人员：在客户服务业务域，从接到服务工单到服务结束，进行了全闭环的管理。可通过采集服务效率、服务质量等信息，形成绩效工资。

（5）管理人员：由于这部分人员的工作内容不容易量化，因此在战略规划业务域中通过计划管控功能，制定年、月、周工作计划，通过对工作计划完成情况的统计，形成此类人员的绩效工资。

不同岗位设置的绩效模型不同，系统在采集相关绩效算法的源数据后会自动计算出对应的绩效工资。薪酬专员只需要核对社保、补助等其他工资项，快速形成工资表，提交财务进行工资发放即可。

5.4.2 业管一体化

传统的 OA 系统主要有公文收发、办公协同、流程审批、公共信息管理等功能。Zemic_ZOS.OA 在保留了原有 OA 功能的基础上，做到了与其他业务域数据的互联互通，可进行问题的预警、跟踪和对数据的汇总分析，如图 5-17 所示。

Zemic_ZOS.OA 门户界面如图 5-18 所示，主要包括以下几部分。

（1）统一入口：可在此添加其他业务域常用功能，方便直接进入对应操作界面，而并非其他子系统的入口。

（2）数据集成：可将各业务域的 KPI 指标数据，根据所管理业务范围的不同，自由组合进行配置及展示。

（3）业务追踪：对自己发起的业务流程进行跟踪，如我签订合同的执行情况、我管理的项目执行情况等。

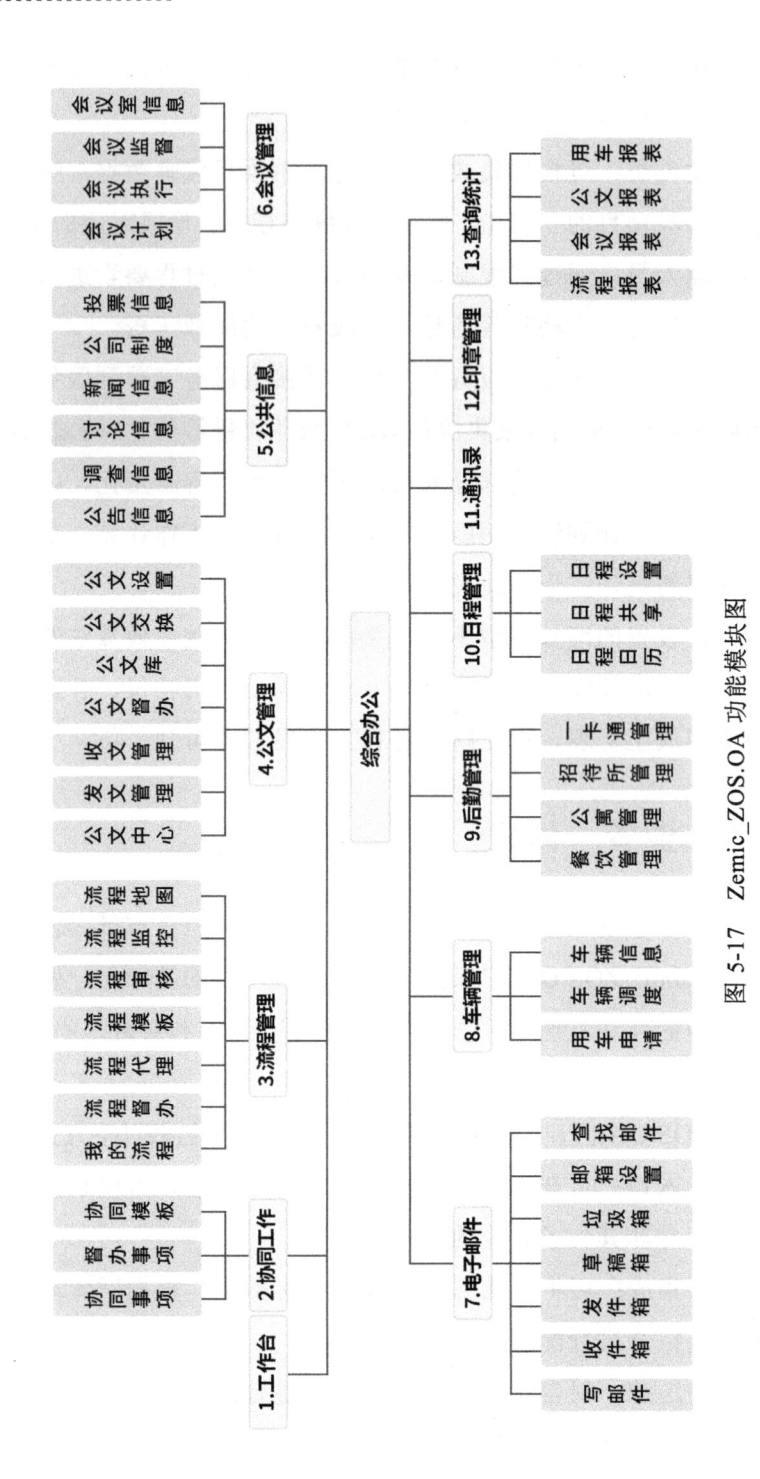

建设一体化数智工厂

图 5-17 Zemic_ZOS.OA 功能模块图

（4）统一审批：将各业务域需要审批的事项全部汇集在此，统一进行审批，无须跳转到其他子系统。

（5）我的待办：发起的各类公文收发、协同邮件、流程审批等。

（6）公告推送：查看公司发布的新闻、公告、制度等。

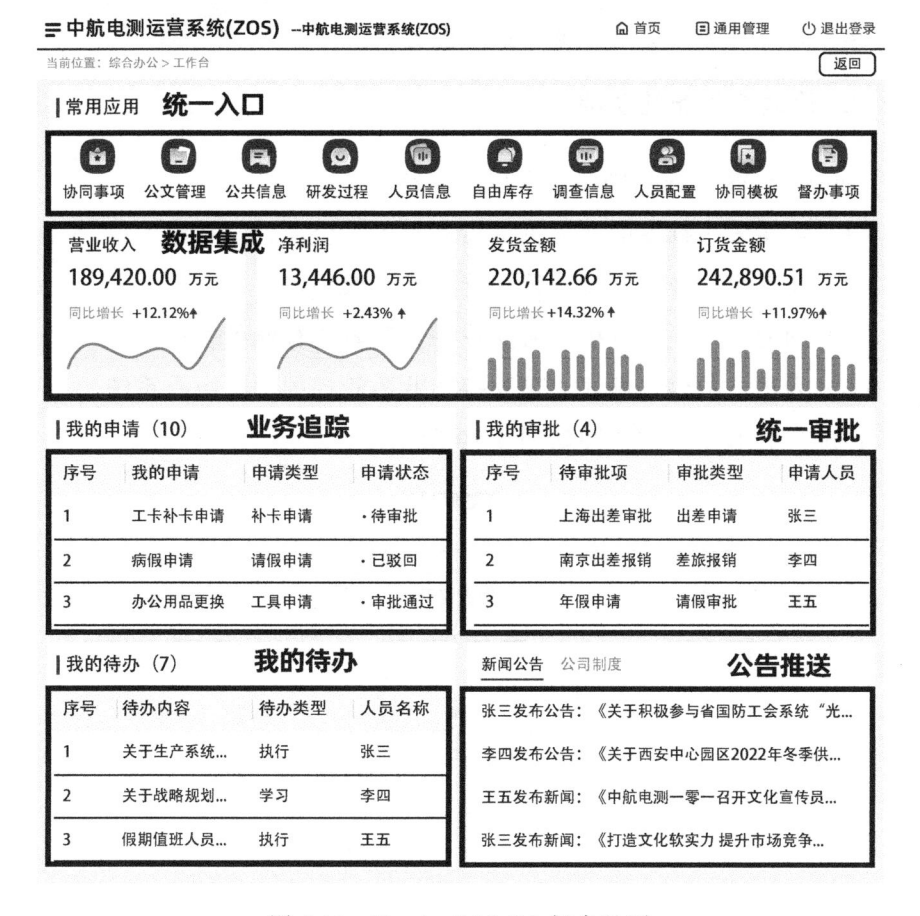

图 5-18　Zemic_ZOS.OA 门户界面

5.4.3　管理驾驶舱

1．数据应用思考

随着 Zemic_ZOS 系统的部署运行，每天都会产生大量的数据，对这些数据进行如下思考：

（1）产生的数据如何使用？

（2）如何让数据变得有价值？

（3）如何通过数据赋能企业运营管理？

（4）怎样让数据驱动业务、指导业务？

2．管理驾驶舱的功能

Zemic_ZOS 管理驾驶舱具有以下功能：

（1）可将多个维度的业务关键指标集中、全面、直观地呈现。

（2）让数字化成为辅助决策和管理的有效手段。

（3）助力领导决策分析、协助业务管理者进行业务管理。

（4）为用户提供一站式决策支持和业务管理的信息中心系统。

管理驾驶舱系统结构图如图 5-19 所示。

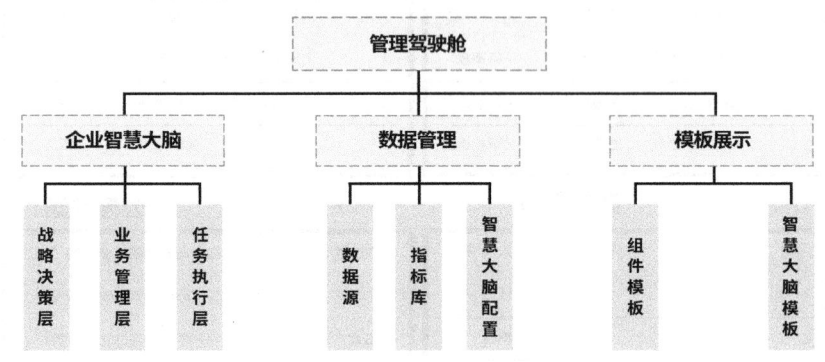

图 5-19 管理驾驶舱系统结构图

3．分层管理

管理驾驶舱分为战略决策层、业务管理层和任务执行层等 3 层，如图 5-20 所示。在战略决策层发现问题，在业务管理层分析与追溯问题，在任务执行层解决问题。其中，任务执行层将以个人工作台的形式进行展示。

第 5 章 数字化运营管理平台

图 5-20 Zemic_ZOS 管理驾驶舱层级关系

（1）战略决策层

可为企业高层领导提供战略相关指标的执行情况，以及各个业务域指标数据，便于高层实时掌控企业当前的情况，并分析各指标的偏差情况，做出指导性决策。总驾驶舱界面示例如图 5-21 所示。

针对各业务域再建立分驾驶舱，可为中层领导提供对应业务域指标的执行和完成情况，便于更好地承接与实现公司目标，如图 5-22 所示。

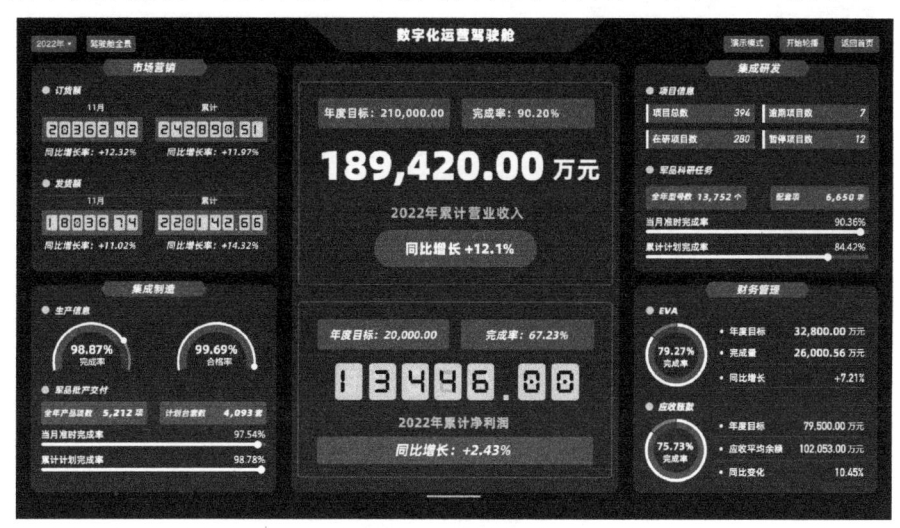

图 5-21 总驾驶舱界面示例

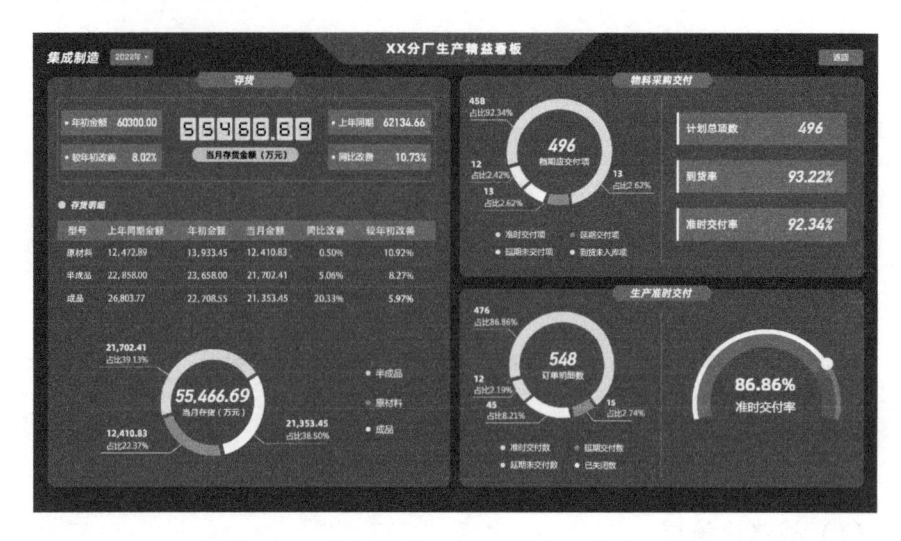

图 5-22　分驾驶舱（集成制造）界面示例

（2）业务管理层

分管各业务域或各业务点的管理人员，可以通过业务管理层驾驶舱查看业务指标、监控预警、问题追溯、统计分析等，指导业务有序高效开展，如图 5-23 所示。

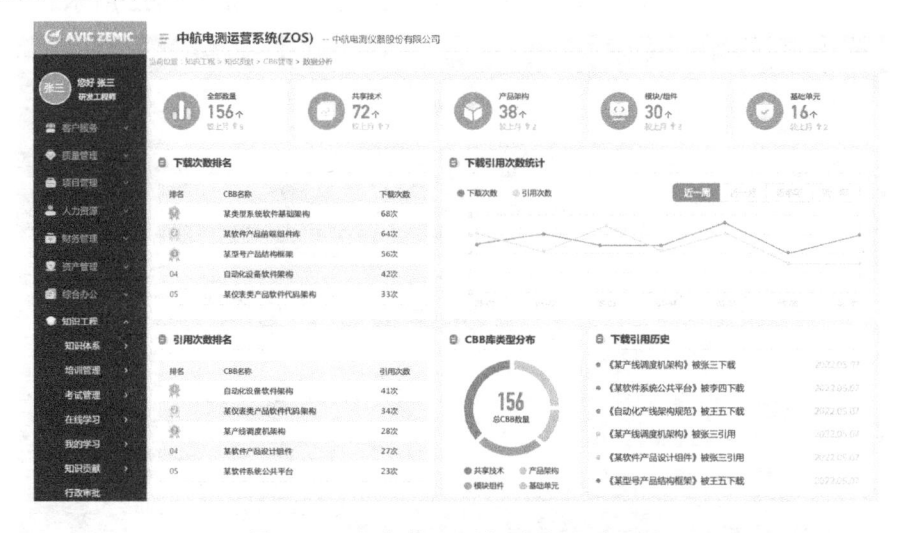

图 5-23　业务管理层驾驶舱界面示例

（3）任务执行层

可为任务执行人员提供所负责工作内容的完成情况，及与其相关的指标的执行情况。任务执行层驾驶舱界面示例如图 5-24 所示。

每层驾驶舱的数据展示方式以及展示的数据都可以从指标库中进行选择，如果指标库中没有，则可以根据管理要求新建指标，同一指标可分层使用。

图 5-24　任务执行层驾驶舱界面示例

4．数据管理

驾驶舱所需要的各类指标的配置，可以从各业务域获取，也可以与第三方系统对接，或者与主数据连接获取相应的数据，形成指标库。数据获取流程如图 5-25 所示。

5．模板展示

系统默认提供种类丰富的各类指标数据的展示方式供用户选择。组件模板展示图如图 5-26 所示。

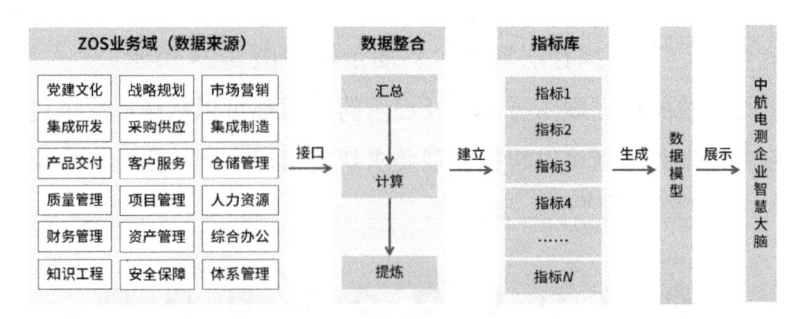

图 5-25　数据获取流程

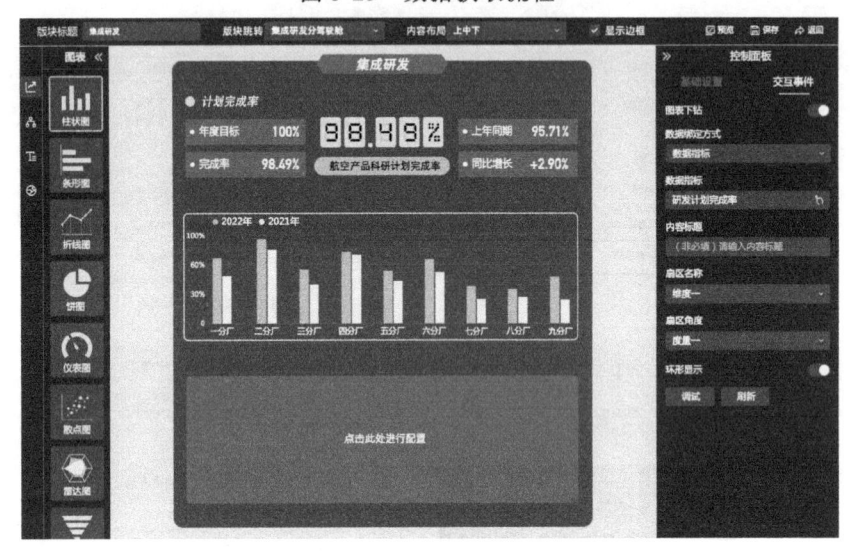

图 5-26　组件模板展示图

6．决策分析

各类数据展示后，其最终是要为企业管理决策起到支撑的作用，因此还需要有相应的决策分析模型。目前，Zemic_ZOS 系统中正在逐步完善以下模型，如图 5-27 所示。

图 5-27　决策分析模型列表图

第 6 章 数智工厂建设

在构建 Zemic_ZOS 平台后,我们期望实施 Zemic_ZOS 与制造执行系统、仓储物流系统、智能建筑系统的互联,并不断提升数据的应用水平,建设一体化的数智工厂。

6.1 背景简述

1. 工业化进程

工业化进程,经历了从工业 1.0 到工业 4.0 的发展阶段,如图 6-1 所示。

工业 4.0 阶段,是自动化和信息化不断融合的过程,也是用软件重新定义世界的过程。

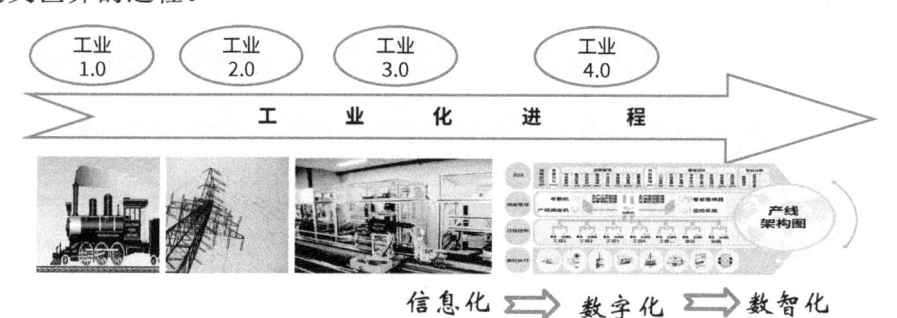

图 6-1 工业化进程

2. 相关标准及成熟度要求

与智能制造相关的标准较多,此处举例说明部分要求。

(1) GB/T 37393—2019《数字化车间通用技术要求》

数字化车间基本共性要求（通则）如表6-1所示。

表6-1 数字化车间基本共性要求（通则）

项 目	要 求
数字化	① 基本要求为数字化设备率不低于70%（根据行业特性可提高要求）； ② 数据（信息）采集不低于90%（根据行业特性可提高要求）； ③ 采用RFID、信息码等方式对生产资源进行自动、半自动识别； ④ 采用实时通信等方式在现场显示涉及生产、质量、管理等信息
网络化	建有基于工业总线、物联网等网络，实现车间各层级资源之间的信息交互
系统化	建有基于MES、WMS等可支持车间制造全过程的运行管理的信息化系统
集成化	实现基础层、执行层、管理层之间的信息集成
安全化	建立包括设备、信息等安全分析及风险评估、预防、管理的方法及体系

(2) GB/T 41255—2022《智能工厂通用技术要求》

智能工厂的基本共性要求（通则）如表6-2所示。

表6-2 智能工厂的基本共性要求（通则）

项 目	要 求
数字化	对工厂所有资产建立数字化描述和数字化模型，使所有资产都可在整个生命周期中识别、交互、实施、验证和维护；同时能够实现数字化的产品开发和自动测试，以适应工厂内外部的不确定性（部门协调、客户需求、供应链变化等）
网络化	建立相互连接的计算机网络、数控设备网络、生产物联/物流网络和工厂网络，实现所有资产数据在整个生命周期价值流的自由流动，打通物理世界与网络世界的连接，实现基于网络的互联互通
智能化	具有感知和存储外部信息的能力，即整个制造执行系统在各种辅助设备的帮助下可以自动地监控生产流程，并能够及时捕捉产品在整个生命周期中的各种状态信息，对信息进行分析、计算、比较、判断与联想，实现感知、执行与控制决策的闭环

(3) GB/T 39116—2020《智能制造能力成熟度要求》

智能制造成熟度等级如图6-2所示。

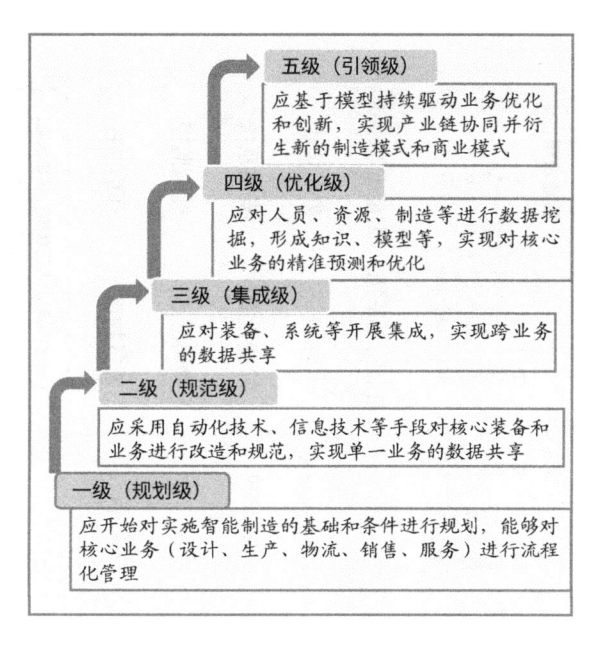

```
五级（引领级）
应基于模型持续驱动业务优化
和创新，实现产业链协同并衍
生新的制造模式和商业模式

四级（优化级）
应对人员、资源、制造等进行数据挖
掘，形成知识、模型等，实现对核心
业务的精准预测和优化

三级（集成级）
应对装备、系统等开展集成，实现跨业务
的数据共享

二级（规范级）
应采用自动化技术、信息技术等手段对核心装备和
业务进行改造和规范，实现单一业务的数据共享

一级（规划级）
应开始对实施智能制造的基础和条件进行规划，能够对
核心业务（设计、生产、物流、销售、服务）进行流程
化管理
```

图 6-2　智能制造成熟度等级

3. 推进智能制造，提升企业核心竞争力

工业 3.0 时代，缺乏顶层架构下的信息化建设，导致了目前众多的信息化孤岛，面对多系统如何打通成了目前多数企业走向工业 4.0 的核心瓶颈。

国家及相关部委近年来已将企业数字化与智能制造上升到国家战略层面，出台了系列政策、标准，来引导与支持企业，提升企业核心竞争力。

6.2　建设目标

1. 支持工厂一体化运营

Zemic_ZOS 数字化运营管理平台构建了 18 个业务域+企业智慧大脑/管理驾驶舱，保证了企业整体业务的一体化运营管理；再将 Zemic_ZOS 数字化运营管理平台与工业设计软件、制造执行系统、仓储物流系统、智能建筑系统等实现互联，实现企业内部整体互联互通，走向数智工厂，如图 6-3 所示。

建设一体化数智工厂

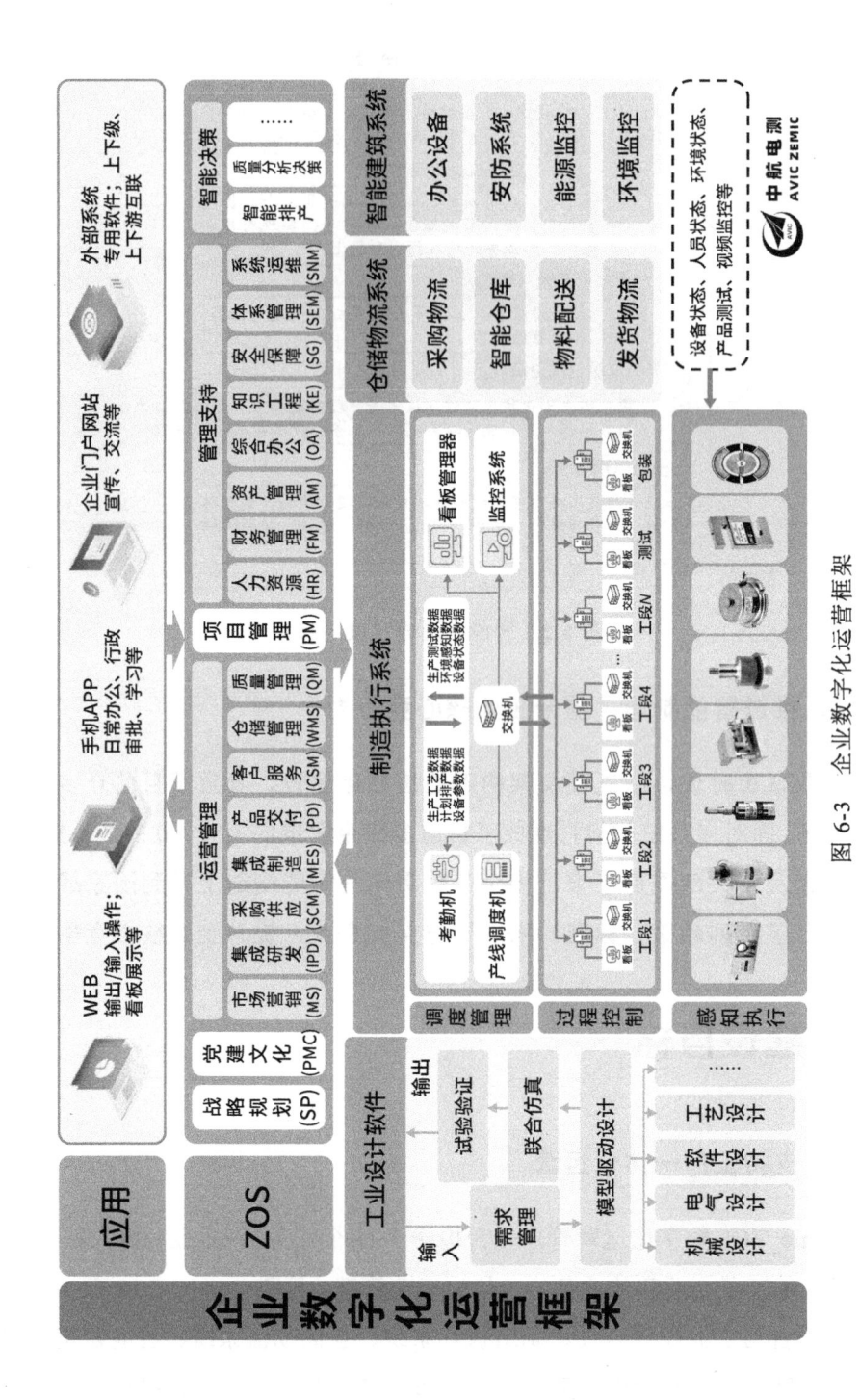

图 6-3 企业数字化运营框架

2．推进数据深度应用

（1）采集和处理生产加工中的各种数据，包括产品、设备、人员、环境等过程数据。

（2）构建智能决策分析模型，如智能排产、成本管控、质量追溯等，辅助运营决策管理，逐步迈向智能制造。

（3）进一步挖掘数据服务价值，对客服、营销、质量等业务域收集到的外部信息进行深度处理和分析，提供企业决策支持。

3．支持外部系统互联

（1）实现上下级互联，支持企业集团化管理。

（2）与上下游企业互联（供应商、客户），支持供应链数字化互联与集成管理。

4．支持管理水平可持续提升

在推进基础设施建设的同时，使生产的信息流（Zemic_ZOS 中生产计划相关信息数据）、实物流（仓储物流系统）、控制流（制造执行系统）相互融合，共同构成生产有序、协调的运行局面，支撑生产经营的提质、增效、降本，且可持续迭代提升，如图 6-4 所示。

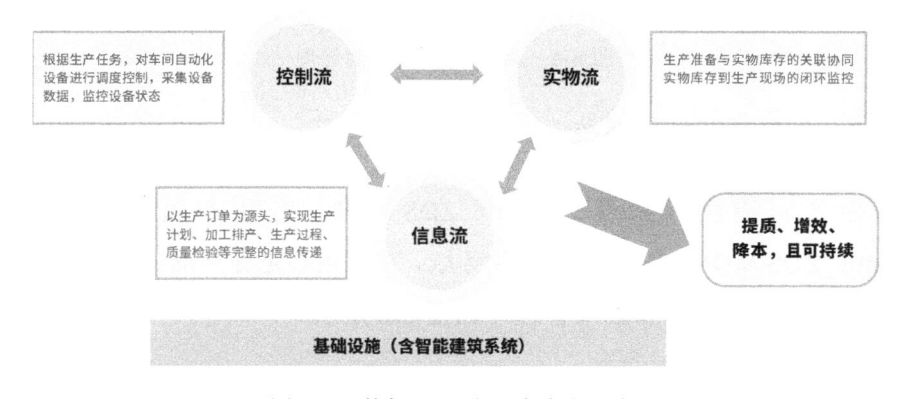

图 6-4 数智工厂建设内容与目标

6.3 建设方法

6.3.1 信息流

1．计划管理

产品全生命周期管理是以计划管理为核心，通过需求来拉动整个信息流的，如图6-5所示。计划管理需要注重与价值创造相关环节的流动速度和流动质量，采用相应的精益工具致力于物流断点和信息流断点的消除和衔接。

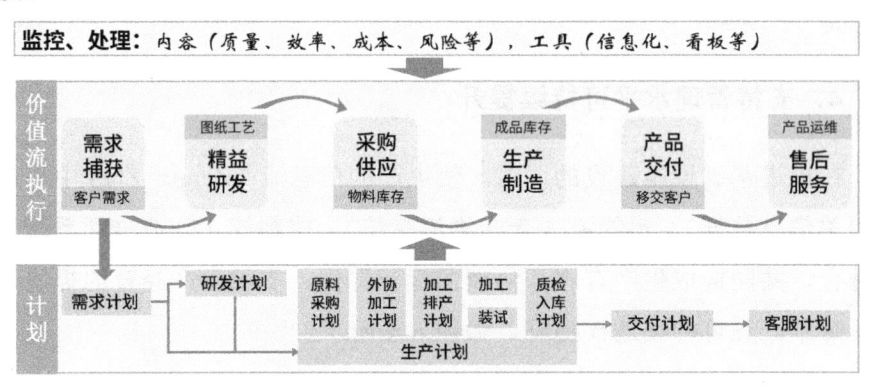

图6-5 运营价值链计划管理

2．生产制造执行系统

生产制造执行系统（Zemic_ZOS.MES）是生产运营管理系统（Zemic_ZOS.MOM）组合的核心业务域，它的核心是计划准备、计划制订、计划执行、计划管控和成果管理，如图6-6所示。

（1）计划准备

生产计划主要有三类来源：合同订单、预投订单、安全库存订单。对于生产计划员来讲，要做好计划还需要知道在制品数、待出库产品数、产能、原材料库存、生产交期等关键数据。

（2）计划制订

生产计划包括原料采购计划、外协加工计划、加工排产计划、质检入库计划等 4 个子计划，需要分别制订。

① 原料采购计划：根据生产 MBOM 查看每类产品对应的原材料库存情况，如果原材料不足，则转"采购供应"生成采购计划。

② 外协加工计划：制订需要参与生产过程控制的外协加工计划，不参与过程控制时可直接转"采购供应"制订采购计划。

③ 加工排产计划：根据工艺 PBOM 等进行加工排产。

④ 质检入库计划：根据生产交期合理安排产成品报检、检验、入库时间。

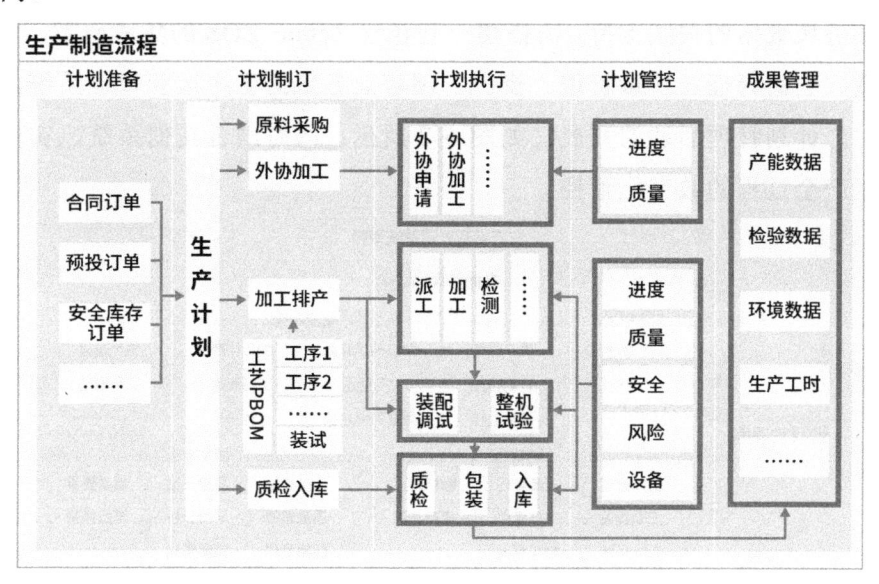

图 6-6　Zemic_ZOS.MES 生产计划管控

（3）计划执行

① 原料采购计划的执行：传递至"采购供应"。

② 加工排产计划的执行：从工段排产到整机试验，根据工艺 PBOM 完整地执行，过程外协加工视为一个工段或工序。

③ 外协加工计划的执行：执行加工排产中需要的过程。

④ 质检入库计划的执行：产品装配调试完成后，对产品的检验及入库。

（4）计划管控

分为人——人岗匹配、机——设备状态、料——材料供应、法——工艺变更、环——环境监测、测——过程测试和监控，分别进行管控。

（5）成果管理

生产完成后的成果，不仅只有产品本身，还有产能数据、检验数据、环境数据、生产工时等过程数据，这些数据是用于决策分析的关键数据。

3．生产运营管理系统

实现生产制造执行系统（Zemic_ZOS.MES）的计划管理还需要其他多个业务域数据的关联支持，需搭建一套包含 Zemic_ZOS 的集成研发、集成制造、仓储管理、质量管理、资产管理等业务域的生产运营管理系统，支持生产计划管理活动的开展，如图 6-7 所示；同时结合其他系统，实现车间生产全过程的数字化管控。

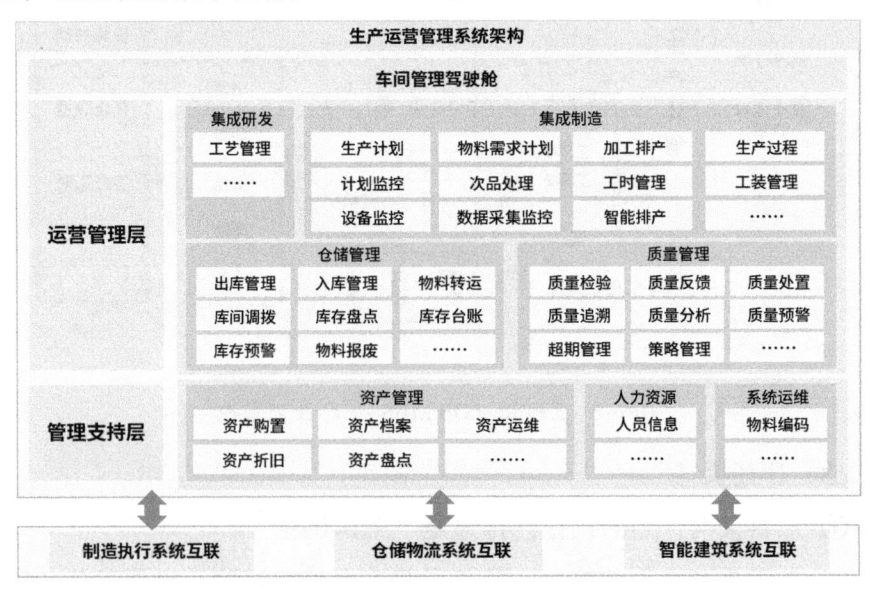

图 6-7　Zemic_ZOS.MOM 模块功能组合

6.3.2 控制流

产线调度测控（SCADA，即数据采集与监控）系统是生产运营管理系统与生产现场自动化设备之间的桥梁，实现对车间智能生产的调度和控制，实现车间生产进度、效率、质量等过程的可视化管理和智能化改善，提高生产车间整体的运营效率，提升生产过程的数字化管控能力。

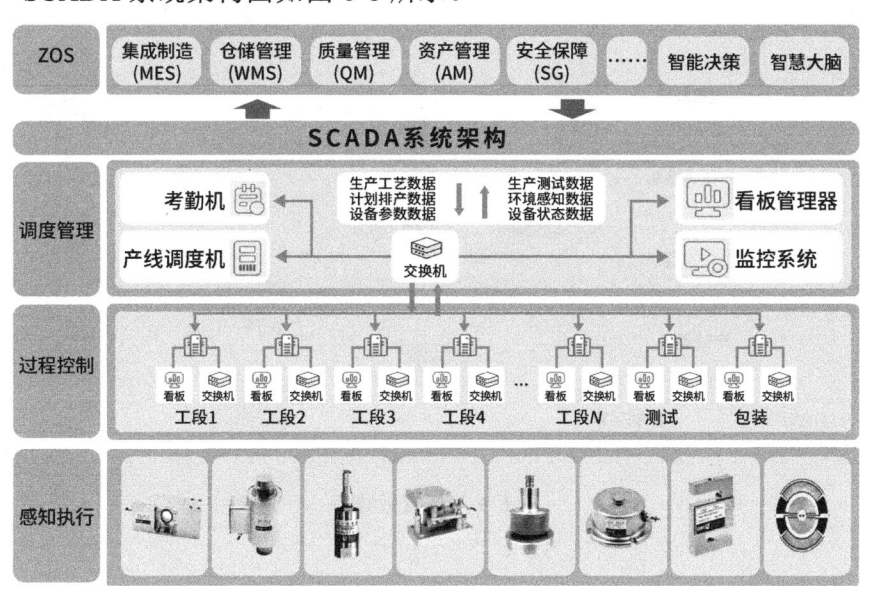

1．SCADA 系统架构

SCADA 系统架构图如图 6-8 所示。

图 6-8　SCADA 系统架构图

（1）产线调度机

接收 Zemic_ZOS.MES 系统下发的生产计划、生产工艺、加工参数等数据，下发给相应的工段管理机，同时对产线的运行情况、生产执行过程、设备运行状态等进行监控。

（2）工段管理机

接收产线调度机下发的生产计划，并对本地接入的硬件设备进行数据采集，对设备进行控制，对环境数据进行监控，并将数据上传至产线调度机。

2．产线数据流

Zemic_ZOS.MES 系统下达生产相关指令、信息，至产线调度机→工段管理机→自动化设备控制器；由设备层实施产品加工、信号采集与转换，再将数据上传至工段管理机→产线调度机→Zemic_ZOS.MES，如图 6-9 所示。

数据采集包括生产数据、环境数据、设备状态的采集。

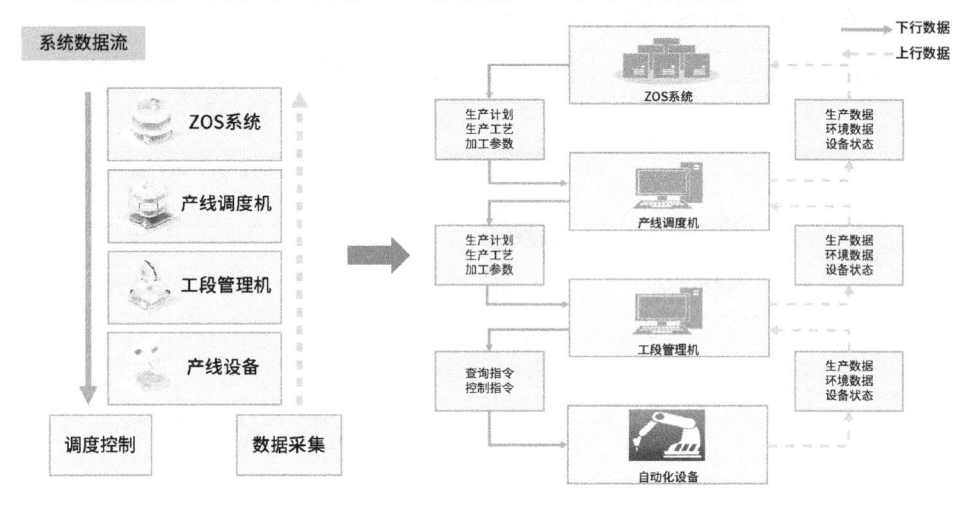

图 6-9 产线数据流

6.3.3 实物流

通过建设智能仓库来存储生产物料，减少库房占用面积，提高空间利用率；同时结合自动化的物料存取设备和信息化的管理和调度控制，实现仓库物料的自动化出入库，提高仓库整体运行效率及库存数据准确率，降低人工成本和管理难度；通过数字化仓储、车联网系统、AGV 等新技术，建立快捷的物流配送体系。

第6章 数智工厂建设

1. 系统架构

（1）仓储管理系统（Zemic_ZOS.WMS）

仓储管理系统综合了入库管理、出库管理、库存盘点、库存台账、库存监控、库存统计分析等诸多功能，能有效管理、跟踪、控制仓库的物流情况，实现完善的企业仓储信息管理。

（2）仓储物流控制系统（Zemic_ZOS.WCS）

仓储物流控制系统是介于 WMS 和自动化设备之间的一层调度控制系统，它接收 Zemic_ZOS.WMS 的出入库、配送等指令，采集和管理智能仓库的数据，实施仓库设备的调度与控制，连接与调度物流配送设备，为仓储物流业务提供执行保障和优化，实现统一调度和监控，如图 6-10 所示。

图 6-10　仓储物流系统架构图

2. 智能仓储

（1）人工管理仓库的不足之处

① 工作效率低：库管员面对多品种、多规格物料出入库时，很难通过

料单、料卡快速找到货位，作业效率低。

② 账实相符率低：人工录入数据易出错，且信息不能及时上传，导致库存数据准确率低。

③ 盘库费时费力：物料品类多，人工盘点费时费力，报表生成时间长，由于库存数据动态更新，因此造成盘点数据准确率不高。

（2）智能仓库类型

智能仓储物流系统主要针对传统的人工库房管理和物流管理面临的诸多问题，借助数字化、自动化手段逐步去解决。目前，智能仓库类型常见的有两大类，即自动化仓库和多源信号数字库。智能仓储物流系统分解结构如图 6-11 所示。

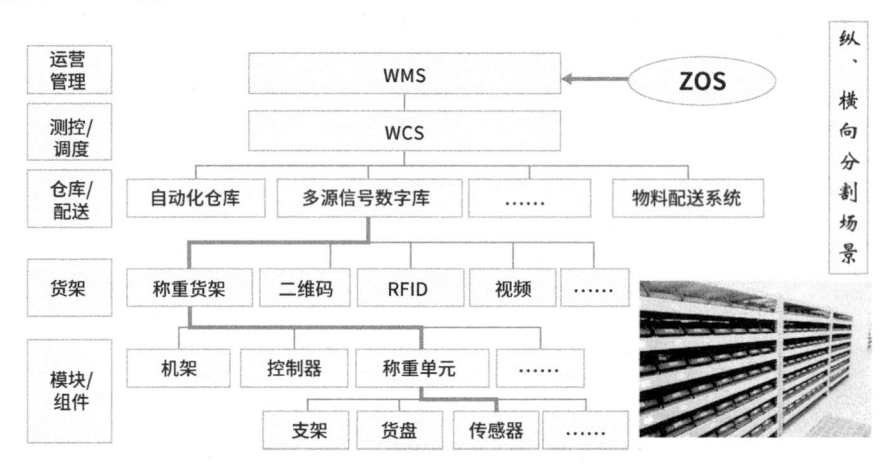

图 6-11 智能仓储物流系统分解结构

自动化仓库是目前发展的一大主流，它极大地提高了仓储效率；但面向众多离散型制造业多品种、小批量的生产需求，投入产出比低、经济效益差。

中航电测开发的多源信号数字库，源自无人零售货柜、货架技术，利用称重、二维码、RFID、视频等技术，对不同类别货物实施在线识别与管理，实现实时在线自动盘库，保持账物相符，提高了库管效率，且成本较低。

（3）多源信号数字库

多源信号数字仓储系统通过各类终端输入/输出硬件设备进行数据采

集，智能货架进行物料存储，管理系统进行人与物的同步管理。多源信号数字库组成如图 6-12 所示。

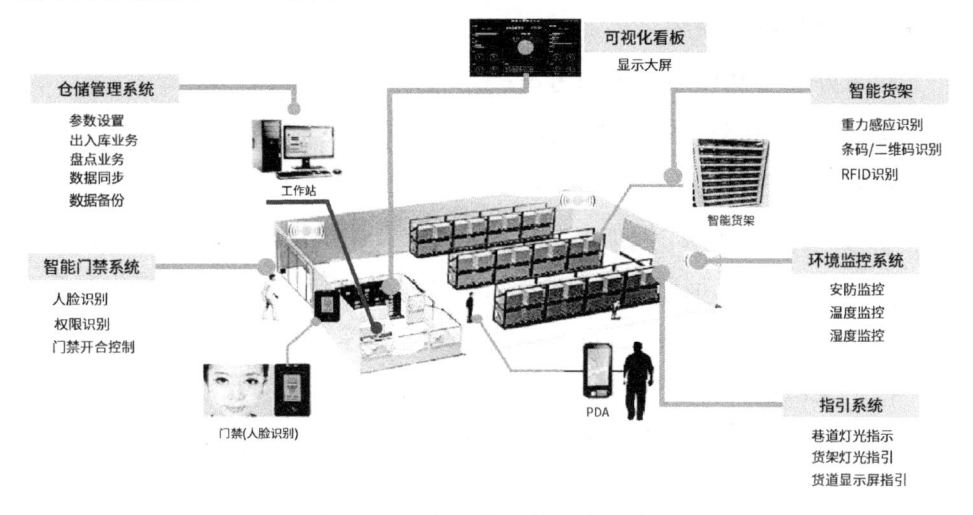

图 6-12　多源信号数字库组成

6.3.4　智能建筑系统

1. 系统架构

智能建筑系统（IBS）主要包含智慧办公系统、能源监控系统、安全防护系统、环境监控系统等部分，可实时采集、监控、分析厂房的现场数据，发现异常能及时进行告警，为生产过程提供辅助和支撑，为安全生产提供保障，如图 6-13 所示。

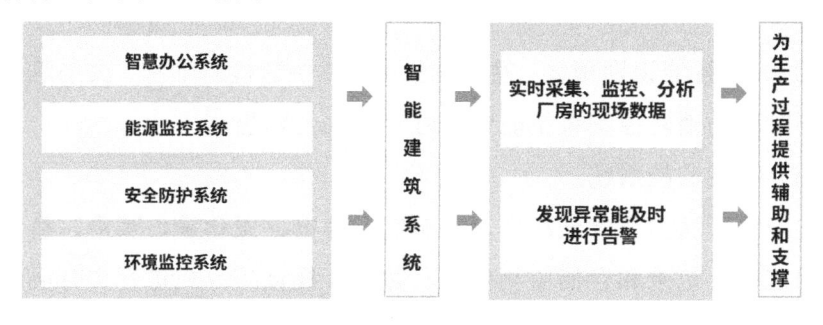

图 6-13　智能建筑系统组成

2．子系统功能

（1）智慧办公系统

智慧办公可从以下几方面考虑：

① 提高工作效率：智能照明、空调温湿度控制、人脸识别、门禁/考勤、访客定位等。

② 打造舒适环境，增加办公体验：空气质量净化、智能语音机器人等。

③ 打造安全、节能、便利的办公环境：智能会议系统、可视化展示系统、桌面云、移动办公、云盘数据共享与同步等。

（2）能源监控系统

实现对厂房内水、电、燃气等能耗情况进行实时监测，生成相应的能耗分析，当能耗情况超出阈值后可触发相应告警，同时将采集的数据推送到生产运营管理系统中，可随时查询和掌握车间的能耗情况，方便对能源利用进行改进和优化。

（3）安全防护系统

① 视频监控系统：对厂房内外各区域进行实时、全天候、无死角的监控；同时基于视频 AI 技术，可以对生产现场进行实时监控。

② 重点现场人员动态控制：对各个特殊监控点的人员数量、人员在岗/离岗、串岗情况进行监控，发现异常及时报警。

③ 违规行为识别：对于安全生产过程前、中、后等环节的正确操作行为进行建模；通过人脸识别、着色识别、行为识别等，对违规行为进行辨识与告警。

④ 火灾智能识别预警：通过视频识别，快速检测烟雾、火焰等报警情况，同时联动消防控制系统能够及时消除安全隐患。

（4）环境监控系统

实现对厂房内空气洁净度、温湿度、静电、振动量、噪声、换气量等数据的监控，记录和存储监测信息，并以可视化的方式进行实时展示，当发现超出设定范围等异常现象时可以自动报警。

第 6 章 数智工厂建设

6.4 建设案例

6.4.1 案例背景

L6D 传感器是中航电测一款经典的平行梁结构传感器,该传感器测量精度高、测量范围广、结构简单、频响特性好,被广泛应用于商业、工业、农业等各个领域,如图 6-14 所示。

图 6-14 L6D 传感器

在自动化生产线建设前,该产品的制作采用的是混线生产,生产中主要存在如下问题:

(1) 产品规格、型号杂乱,工艺不规范。

(2) 手工作业为主,员工加班多、劳动强度大。

(3) 生产成本高、周期长,人均贡献率低。

(4) 质量波动大、质量追溯困难。

为了响应市场快速增长的需要,促进公司从劳动密集型企业向自动化工厂、智能制造转型,2018 年,公司决定建立 L6D 传感器自动化生产线,并提出了以下目标:

(1) 实现单班日产 1920 件,产线人员减少 30%以上。

(2) 以 C3 级传感器为例,合格率达到 97.5%。

(3) 主要工序实现自动化,降低员工劳动强度,提升操作效率。

（4）全线信息化贯通，便于生产和质量管理。

项目组从需求分析→立项论证→概要设计→详细设计→产线制造→测试与验收，严格按照中航电测研发流水式管理体系的要求推进实施，成功实现了国内外针对该类产品首创的精密元器件自动化生产线建设，有效促进了生产管理的提质、增效。

6.4.2　产线建设步骤

1. 需求分析与立项

确立总体目标后，从负责设备采购与传感器生产工装设计的工程师中抽调人员成立了需求分析项目组，依据"需求管理流程"开展需求获取、需求分析、转换目标、立项论证，并指导参与需求实现、验收评价等工作。

（1）需求获取

首先，基于L6D传感器自动化生产线展开需求分析，确定其质量、架构与交付、成本等需求要素；对于部分不清晰、不确定的需求，进一步地展开市场调研和利益相关方访谈等，获取涉众需求。

（2）需求分析

对需求进行分析、归并、筛选、加工转换、抽象与设计，并进行战略一致性、经济性、SMART等分析，评估优先级。

对自动化难点进行分析，对产品系列做统型优化，重新优化设计适合于自动化建设的工艺流程，将产线划分为贴片、组桥、涂胶、四角、ZTC补偿、包装等工段。

按照精益生产的思路，每个工段内采用在线式设备便于流水线连接传动，工段之间采用流水式转运（皮带线、板链线、倍速链等）。工艺布局时尽可能减少工序内及工序间的搬运及等待，降低员工的劳动强度,如图6-15所示。

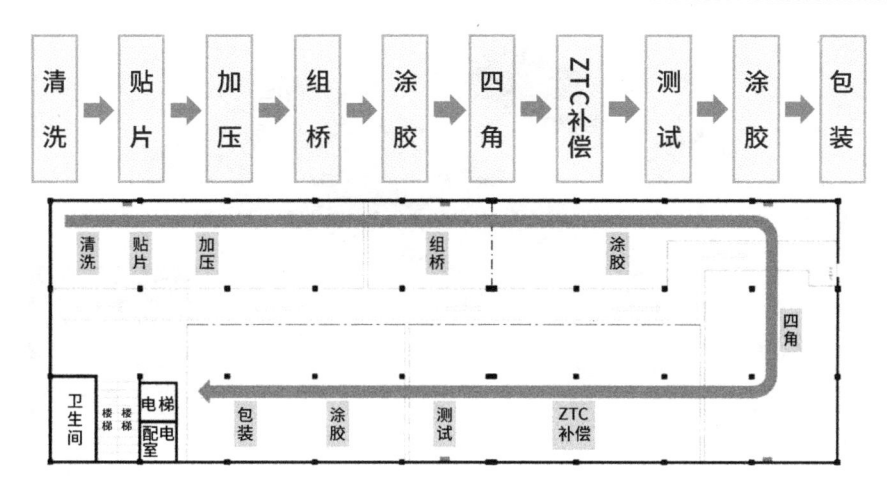

图 6-15 产线工艺流转及布局示意图

（3）转换目标与立项论证

需求分析完成后，把需求通过图表、模型语言映射到目标，对形式结构、边界、功能与性能效率、成本与交付、能源供给等进行描述，形成初步的概念模型。依据概念模型，项目组分别编制了《L6D 产线规划书》《立项可行性分析报告》。

至此，经过需求分析及立项，转到整个产线的开发阶段。

2．产线概要设计

L6D 传感器自动化生产线建设以两化融合理念为指导，其中工业化的核心是通过自动化设备的开发，替代人工重复劳动，实现单业务生产活动的自动执行；信息化的核心是通过信息系统实现标准作业的规范管控与执行，该产线是应用 Zemic_ZOS 生产制造相关模块，进行生产交付全流程数字化管理。

（1）系统目标

该生产线面积约 2000m^2，按流程图以及工艺布局图进行布置，按各工序所需设备数量及估算尺寸规划物流/人流通道，进行产线三维示意图建模（见图 6-16），并明确系统边界、功能与性能、能源供给等相关要求。

建设一体化数智工厂

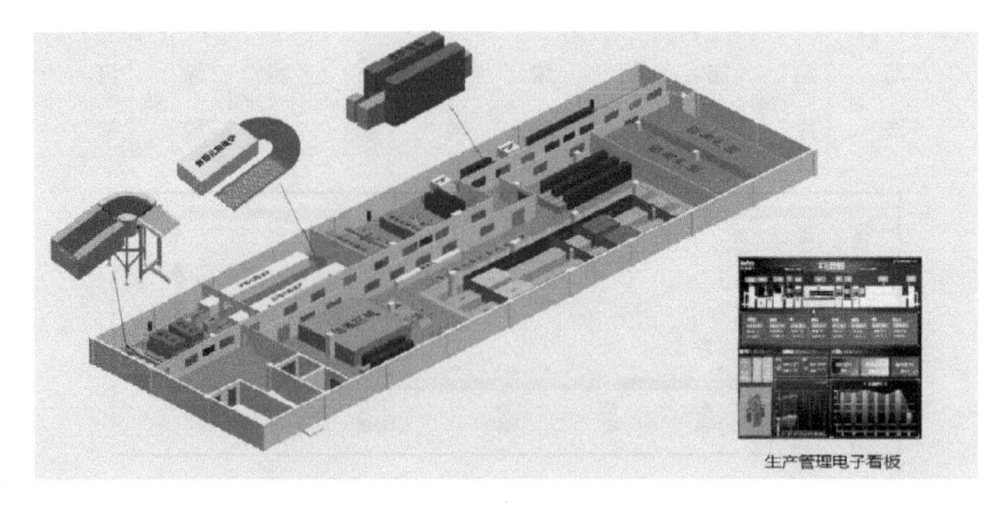

图 6-16　L6D产线三维建模图

（2）系统分析与建模

① 整条产线采用自顶向下的设计，将 Zemic_ZOS 平台与制造执行系统、仓储物流系统、智能建筑系统等互联，构成企业内部物联网（参见图 6-3）。

② 将 L6D 产线机、电、软各子系统及子系统间进行逻辑分析与建模，设计层次架构图，描述层次结构关系；再分析各信号走向，画出产线总信号拓扑图。

③ 对于自动化设备与产线的开发建设，各种复杂的逻辑动态分析建模是难点，需要描述各子系统之间功能交互、信号交互、工作流程及其交互等，并描述各子系统内部的交互关系；需要将复杂系统层层分级细化至每一个具体动作，分解层级视系统复杂程度而定。

（3）综合设计

L6D 产线为综合性复杂系统，可按层级划分子系统后分别描述。

产线以及产线中的自动化设备的设计与开发，涵盖了机械、电气、嵌入式软件、系统软件及通信接口与协议的设计。

（4）其他内容

CBB 构建与应用、关键技术试验、风险分析、成本预算等。

第6章 数智工厂建设

3．产线详细设计

在概要设计的基础上，进一步细化，开展详细设计。

（1）机械设计：主要包括整个系统中框架结构的设计、各机构部件的设计计算、关键外购部件的选型计算及 CBB 的构建与应用等。

（2）电气设计：主要包括整个系统的电气原理图，电气元件、组件的选型，电气柜体及内部布线详细设计，PCB 版图设计及 CBB 构建与应用等。

（3）嵌入式软件设计：明确软件平台及环境，细化软件设计的层次架构，设计定义全局变量与结构、主业务流程、主要功能函数，以及调度关系、动作交互关系、资源应用、通信交互等。

（4）系统软件设计：细化各级菜单的访问层次结构、代码架构、基础类、各功能与界面、数据流等。

（5）通信接口与协议：具体通信协议、参数结构的细化描述。

4．产线制造

在详细设计阶段形成设计资料。产线制造阶段（样机制造、软件编码）的主要工作是按照设计资料进行采购、生产、加工及装配、调试等。

（1）机、电系统：按 BOM 清单完成零部件的生产及器件的采购、加工与总装。整个过程需要做好记录，并针对发现的问题及时修改纠正。

（2）软件编程：依据软件详细设计报告进行编程，编程人员需要做好过程测试与处理，并做好工作记录。

（3）系统联调：将总装完成的设备与软件集成，进行系统调试，最终集成为整条产线。

5．测试与验收

产品测试活动伴随产品设计、实现的全过程。在产线设备制造阶段，对单个设备而言，须从部件到系统依次开展单元测试、集成测试、系统测试、验收测试；对于产线而言，产线中的各设备又可视为产线的单元。

（1）针对各工序设备，如四角机、贴片机等进行测试。

（2）针对6个工段设备的衔接情况进行测试。

（3）对整线进行集成，并进行系统测试后，开始一段时间的试运行，然后公司组织由领导与专家组成的验收组做整体验收。

6.4.3 三大子系统与Zemic_ZOS互联

进行了SCADA系统（对L6D产线进行调度控制）、仓储物流系统和智能建筑系统等三大子系统的建设，并与Zemic_ZOS系统实现互联，如图6-17所示。制造执行系统涵盖产线调度功能、设备管理功能、人员考勤功能、看板管理功能等；仓储物流系统主要包含智能仓储、无人货架应用，以及自动化、智能化配送；智能建筑系统主要包括安防系统、能源监控系统、环境监测系统等。

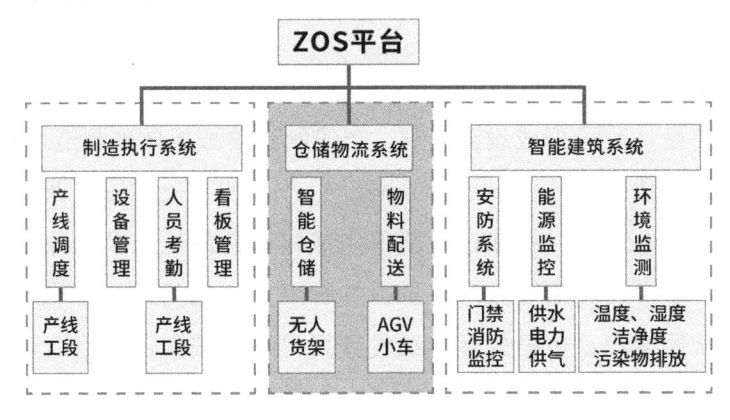

图6-17 L6D产线建设目标

6.5 建设效果

L6D产线是中航电测自主研发的首条铝制传感器自动化产线，通过探索自动化+数字化的新型智能生产模式，实现产业数字化转型升级，建立

第6章 数智工厂建设

数据实时采集、信息互联互通、辅助决策分析的智能制造管理系统。

1．验收结论

L6D 产线批量运行后，各项指标符合预期，部分指标超预期。

（1）提质

产品品质由 C3 提升至 C6 水平，产品一次流通合格率由 93.5%提升至 98%。

（2）降本

制造成本占比由 90%降低至 75%，在制品数量减少 32.5%，能耗降低 15%，投资回收期为 4 年。

（3）增效

产品制造周期缩减 20%，计划完成率提升至 99.5%；

L6D 单班日产出由不足 2000 件提升至 4000 件以上。

该产线极大地提升了生产管理水平，达到了该类产品生产的国际领先水平。

（4）过程资产积累

通过本项目的实施，形成并积累了一系列的 CBB、专利等科研成果，为企业后续的自动化产线建设、智能化工厂建设奠定了坚实基础。至此，中航电测在全公司范围内开始建设各种自动化产线、数字化车间，直至智能园区。

2．打造了一支自动化设备与产线团队

通过该产线的建设，锤炼并形成了具备自动化设备、自动化产线架构设计的自主开发能力，培育出了自动化部。自动化产线建设的效能由本项目的建设期 18 个月，提升至后续其他项目的 8 个月、6 个月，助力产品生产效率、质量以及成本管理水平大幅提升，实现了本系列产品的核心竞争力构建，并与国内外高端客户建立了良好合作伙伴关系，实现了为多家国内外高端客户批量供货，助推了经济效益显著增长。

3. 创新智能排产模型

该产线建设完成后，又陆续进行了功能提升，并基于生产计划创新了 Zemic_ZOS.APS 智能排产模型（见图 6-18），开发与应用了 APS 智能排产系统。运用 Zemic_ZOS 数字化运营系统市场营销模块中 Zemic_ZOS.MS 的订单信息，集成研发模块 Zemic_ZOS.IPD 中的工艺与 BOM 信息，采购供应模块 Zemic_ZOS.SCM 和仓储管理 Zemic_ZOS.WMS 中的物料信息，集成制造模块 Zemic_ZOS.MES 中的产能信息，人力资源模块 Zemic_ZOS.HR 中的人员及出勤信息，资产管理模块 Zemic_ZOS.AM 中的设备信息等，共 300 多个参数，进行了智能排产建模，取得了很好的效果，极大地提高了生产管理水平，如表 6-3 所示。

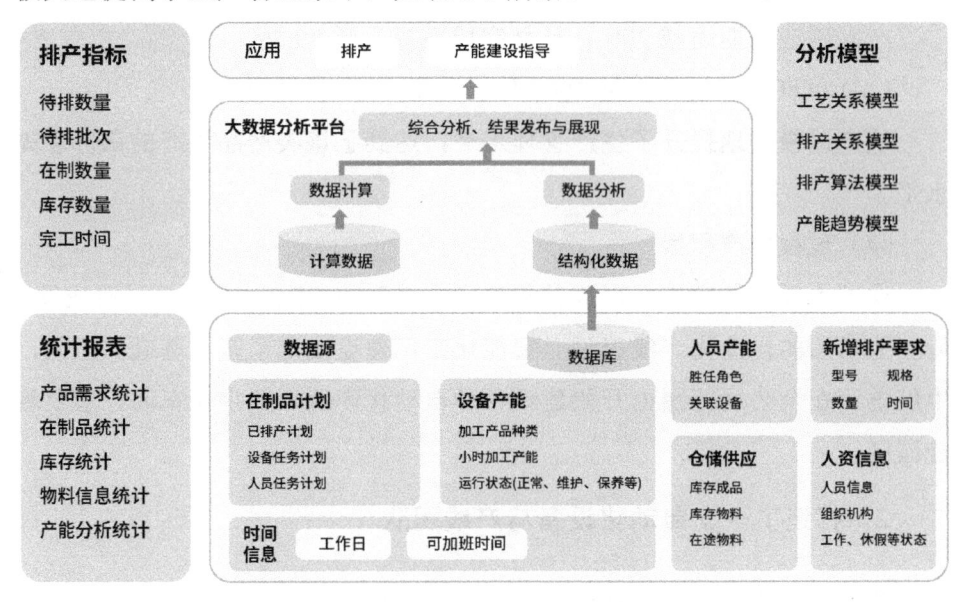

图 6-18　Zemic_ZOS.APS 智能排产模型

表 6-3　传感器生产 APS 实施效果

内　　容	人工排产	智能排产
交期回复	1～3 天	次日（计算时间 15 分钟）
制造周期	10～20 天	8～15 天

第6章 数智工厂建设

续表

内容		人工排产	智能排产
制造周期波动度		40%～60%	小于20%
在制品数量		5400只	4100只
计划执行准确率		92%～95%	99.6%
产品交付周期	铝制	35～45天	20天以内
	钢制	70～90天	30天以内

4．成果推广应用

"十三五"规划期间，L6D产线开发起步，"十四五"规划期间，L6D产线已在各分（子）公司陆续开始推进：各单位部署Zemic_ZOS系统，建设智能仓库，建设智能产业园区。

按建设层级划分，纵向分为设备级、产线级、厂房（车间）级、工厂级；横向分为生产加工、仓储物流、智能建筑三大系统，分别通过SCADA、WCS、DCS等软件系统与Zemic_ZOS相应业务域实现互联，如图6-19所示。

图6-19 智能工厂规划

第 7 章　管理提升视角

在企业运营的每个阶段，我们都可以通过各种工具，从多视角来观察企业的运营状况，从而发现问题、分析原因、定位根源、解决问题，将问题归零；进一步举一反三，追溯运营体系的问题并加以根除，优化体系、升级数字化运营管理系统。

7.1　管理提升视角概述

21 世纪以来，为了应对经济全球化、市场经济体制等方面的挑战，促进企业发展，提升企业竞争力，持续推进管理创新，出现了许多管理体系、工具和方法。

（1）质量管理体系：ISO 9000、GJB 9000、AOS、NQMS 等。

（2）质量管理工具：TQC、6S、六西格玛、APQP 等。

（3）其他运营管理工具：精益生产、项目管理、综合平衡计分卡、流程再造、基于模型系统工程、集成研发管理、知识管理、客户管理、市场管理、管理质询等。

（4）结构化分析工具：结构树、鱼骨图、网络图等。

7.1.1　全面质量控制

全面质量控制（Total Quality Control，TQC）是以产品质量为核心，全员参与为基础，来改善企业的运营质量。其根本目的是通过顾客满意来实现组织的长期成功，增进组织全体成员及全社会的利益。后期逐渐演化为全面质量管理（TQM）。

1．一个过程

一个过程，即企业管理过程。企业在不同的时间内，应完成不同的工作任务，每项生产经营活动，都有一个产生、形成、实施和验证的过程。

2．四个阶段

基于一个过程的产生、形成、实施和验证，将管理活动总结为计划（Plan）、执行（Do）、检查（Check）和处理（Action）等四个阶段。即首先制订工作计划，然后实施，并进行检查，对检查出的质量问题提出改进措施。这四个阶段有先后、有联系，每执行一次为一个循环，称为PDCA循环，每个循环相对上一循环都有提高，如图7-1所示。

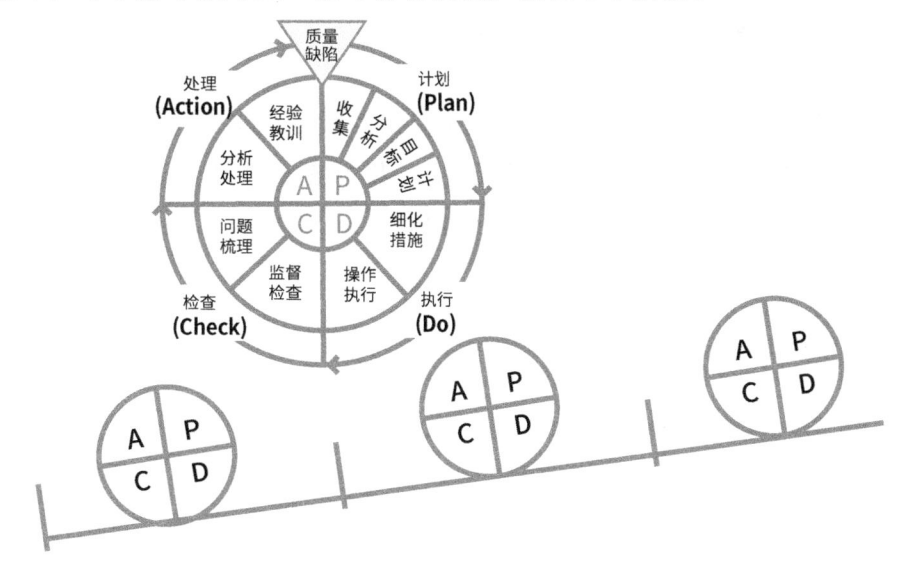

图 7-1 PDCA 循环

PDCA 循环，可以使我们的思想方法和工作步骤更加条理化、系统化和科学化。它具有如下特点：

（1）大环套小环、小环保大环、推动大循环。

（2）不断前进、不断阶梯式提高。

3. 八个步骤

为了解决和改进质量问题,PDCA 的四个阶段还可以分为八个步骤:找问题、找出影响因素、明确重要因素、提出改进措施、执行措施、检查执行情况、对执行好的措施使其标准化、对遗留的问题进行处理。

4. 两个特点

在全面质量管理过程中,还应遵循两个特点:

"三全"——是指对全面质量、全部过程和由全体人员参加的管理。

"四一切"——即一切为用户着想、一切以预防为主、一切以数据说话、一切工作按 PDCA 循环进行。

7.1.2　6S 管理

6S 兴起于日本企业,是通过训练员工的规范性来提升团队的整体素养,从而提升企业体系化运营的质量。其内容为整理(SEIRI)、整顿(SEITON)、清扫(SEISO)、清洁(SEIKETSU)、素养(SHITSUKE)、安全(SECURITY)。

1. 6S 之间关系

6S 之间彼此关联,整理、整顿、清扫是具体内容;清洁是指将上面的 3S 实施做法制度化、规范化,并贯彻执行及维持结果;素养是指培养每位员工良好的习惯,并按规则做事;安全是基础,要尊重生命,杜绝违章。

2. 员工素质培养是核心

员工要将规范做事当成一种习惯,一种本能的自然反应,只有这样才能顺利完成工作。

7.1.3 六西格玛

六西格玛（6σ）是一种改善企业质量流程管理的技术，以零缺陷的完美商业追求，带动质量提高、成本降低，最终实现财务成效的提升与企业竞争力的突破，从而提升企业运营体系的质量。

1．西格玛水平

通过西格玛水平（常用DPMO，即百万次机会中的缺陷数）来表征缺陷出现的概率，其换算简表如表7-1所示。

表7-1 西格玛换算简表

合　格　率	DPMO	西格玛水平
30.9%	690 000	1.0
69.2%	308 000	2.0
93.3%	66 800	3.0
99.4%	6210	4.0
99.98%	320	5.0
99.999%	3.4	6.0

要提升西格玛水平，应对需要改进的流程进行区分，找到最有潜力的改进机会，优先对需要改进的流程实施改进。如果不确定优先次序，企业多方面出手，就可能分散精力，影响六西格玛管理的实施效果。

2．业务流程改进方法

遵循五步循环改进法，即DMAIC模式。

（1）定义（Define）——辨认需改进的产品或过程，确定项目所需的资源。

（2）测量（Measure）——定义缺陷，收集此产品或过程的表现做底线，建立改进目标。

（3）分析（Analyze）——分析在测量阶段收集的数据，以确定一组按重要程度排列的影响质量的变量。

（4）改进（Improve）——优化解决方案，并确认该方案能够满足或超过项目质量改进目标。

（5）控制（Control）——确保过程改进一旦完成能继续保持下去，而不会返回到先前的状态。

7.1.4　精益生产管理

精益生产基本思想可以用一句话来概括，即"旨在需要的时候，按需要的量，生产所需的产品"。因此，有些管理专家也称精益生产方式为JIT生产方式、准时制生产方式、适时生产方式或看板生产方式。

精益生产是通过系统结构、人员组织、运行方式和市场供求响应等方面的变革，使生产系统能快速适应用户需求的不断变化，并使生产过程中一切无用、多余的东西被精简，最终达到包括市场供销在内的生产的各方面为最好结果的一种生产管理方式。与传统的生产方式不同，其特色是多品种、小批量。

它是从精准控制、最大限度减少浪费的视角，来改进和优化企业运营体系。

7.2　质量管理体系分析

7.2.1　质量管理体系间的关系

质量体系发展及各体系间的关系如图7-2所示。

1．ISO 9000系列

ISO 9000标准是国际标准化组织（ISO）在1994年提出的概念，是一族标准的统称。根据 ISO 9000-1：1994 的定义：" 'ISO 9000 族'是由 ISO/TC176 制定的所有国际标准。"

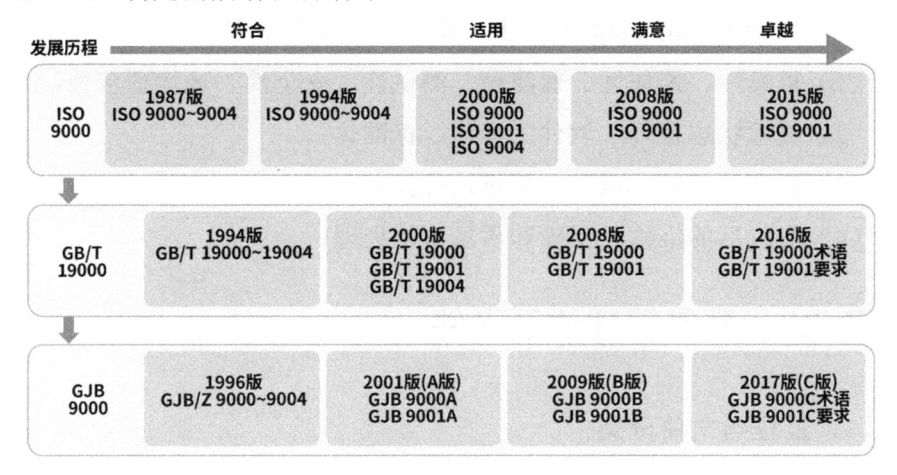

图 7-2 质量体系发展及各体系间的关系

主要标准：

（1）ISO 9001：1994《品质体系设计、开发、生产、安装的品质保证模式》；

（2）ISO 9002：1994《品质体系生产、安装和服务的品质保证模式》；

（3）ISO 9003：1994《品质体系最终检验和试验的品质保证模式》。

ISO 9001 用于证实组织具有提供满足顾客要求和适用法规要求的产品的能力，目的在于增进顾客满意度，是目前制造型企业质量体系认证的主要依据。

2．GB/T 19000

GB/T 19000 是由国家质量技术监督局发布的国家标准，等同采用 ISO 9000。

在引进过程中，将国际标准转换为国家标准，转换方式有等同采用和等效采用两种，我国采用等同采用的方式，就是说没有做任何改动地引用此标准。

3. GJB 9000

GJB 9000 在 ISO 9000 基础上，增加的特殊要求有：

（1）可靠性、维修性、保障性、测试性、安全性、环境适应性；

（2）技术状态管理、软件工程化、标准化；

（3）新产品试制、试验、关键过程控制；

（4）交付后的维修、保障和质量事故处理。

7.2.2 质量管理体系文件

1. 过程与文件分类

质量管理体系的设计是自顶向下的，通过对各过程（业务域）的充分分析与理解，构建起整套质量管理体系控制文件。

（1）过程组划分

先按照业务进行过程（如销售、研发等）划分，然后依据其属性将企业的业务过程划分为不同过程组，如管理过程组、产品实现过程组、管理支持过程组等。各过程分别编制相应的体系文件，并明确接口关系。

（2）文件分级

质量管理体系文件一般分为以下四级。

① 企业顶层管理——质量手册。规定企业的质量方针、质量目标、质量架构、各部门职责等。

② 企业中级管理——程序文件。企业各种活动的流程和基本原则，以及各程序之间的关联。

③ 企业基层操作——作业指导书。企业所有活动、所有操作要求都可以以文件的形式，详细地写在作业指导书中，最好的办法就是企业新人在入职后认真通读作业指导书。

④ 企业活动记录——表单。所有活动尽量以表单形式记录下来，做到可追溯性。

2. 流程贯通

价值链运营质量体系流程如图 7-3 所示。

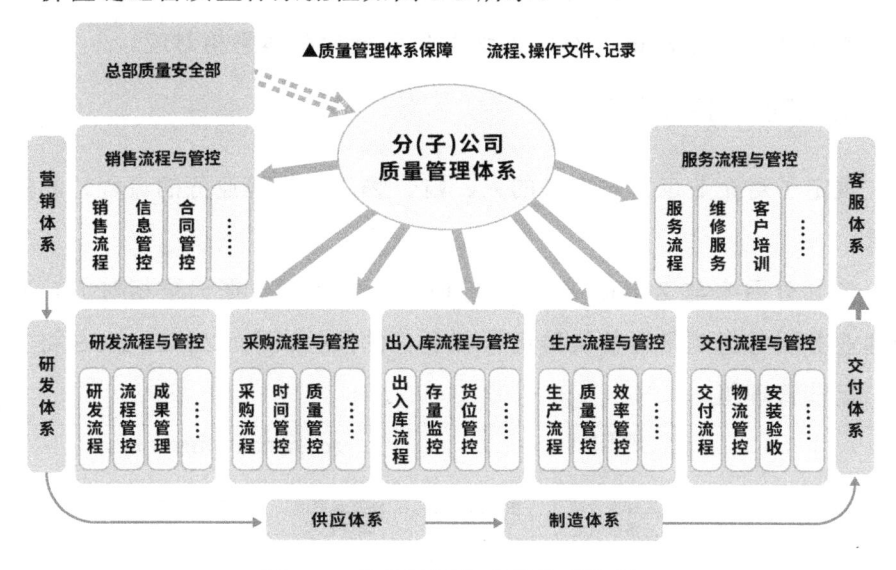

图 7-3 价值链运营质量体系流程

7.2.3 质量管理体系与企业运营体系的关系

从质量管理体系的视角出发，审视与改进企业运营体系，如图 7-4 所示，图中标注了各过程组与 Zemic_ZOS 运营体系之间的关系，可以看出，质量管理体系就是企业运营体系的一个重要子集。

1. 管理过程组

策划质量管理体系，分析理解组织环境和质量体系的覆盖范围，明确管理目标与质量方针，设计衡量顾客满意度的方法措施，控制各项管理过程评审，对绩效进行评价，改进完善质量运行体系。

该部分内容与 Zemic_ZOS 的组织、战略与绩效管理相对应。

2. 产品实现过程组

规定价值链（订单到交付、信息到产品）运营的流程、制度、记录。该部分内容与 Zemic_ZOS 的运营价值链控制体系相对应。

3. 管理支持过程组

规定了对企业运营做支持的人、财、物、知识等业务的流程、制度、记录。

该部分内容与 Zemic_ZOS 的管理支持体系、数据记录相对应。质量管理业务因考虑到是对价值链运营各业务的监控，因而 Zemic_ZOS 将它编入了运营管理组。

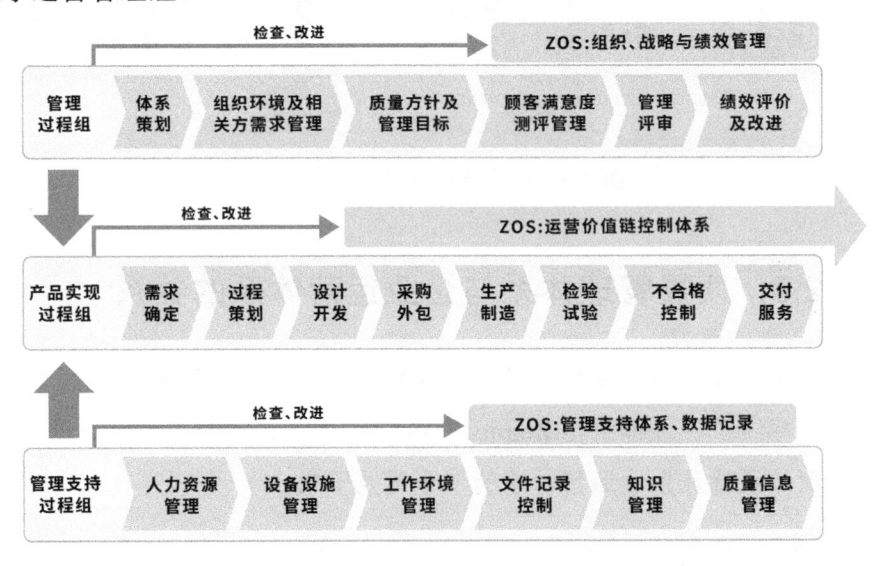

图 7-4　质量管理体系视角的企业运营体系改进

7.2.4　AOS、NQMS 与质量管理体系的关系

1. AOS

AOS 是业务流程建立、运行和持续改进的一整套管理规范，航空工业

集团有限公司多年来致力于推动各下属企业建立此管理体系。AOS 以业务流程为核心，融合 IPD、精益、全面质量管理等多种管理方法，融入绩效、质量、风险等多项管理要素，建立一体化的管理体系，增强管理协同效应，提升管理效率和企业核心竞争力，并建立可持续迭代改进的管理平台。

AOS 在 GJB 9000 质量管理体系的基础上，参照 APQC 框架，把关注控制点扩大到了企业运营的全业务活动，包括了更多的管理要素，如质量、合规、风险等。

2. NQMS

装备发展管理部门旨在通过 NQMS 建设，体系化推进管理变革和转型升级，实现全面覆盖、统一规范、有效运行的管理能力，提高装备产品质量和装备建设组织质量。它与 AOS 思想同出一脉，体系类同。

因此，NQMS、AOS 包含了 GJB 9000 质量管理体系，并进行了全业务、全要素的扩充。

7.2.5 综合分析

1. 思想本质

本节举例说明了 ISO 9000 系列、GB/T 19000、GJB 9000 系列从质量视角构建体系，AOS/NQMS 再扩展至全业务、全要素去构建企业整体的运营管理体系，中航电测 Zemic_ZOS 参照 AOS/NQMS 构建了企业一体化运营管理体系并实现数字化运营。各种体系的核心思想是一致的（设计工作流程、管控过程要素、获取数据记录、做好追溯分析与处理，从而实现管理目标），只是各类体系在覆盖的业务面与管控要素上有差异，但企业最终是要通过不断地迭代，去完善全业务、全要素的运营管理体系建设，并逐步实现数字化运营管理。

2. 一体化整合

总之，我们应该从企业整体运营的需要，去构建一体化的运营管理体系，避免多体系重复与冲突带来执行中的困惑、建设中的浪费、改进中的混乱。切不可将各体系孤立地去看待与建设，而应该将其有机地融入已有的体系，并不断迭代完善。

3. 质量管理之魂

只有通过构建产品全生命周期各业务域（营销、研发、采购、仓储、制造、交付、客服）的管理体系，并在执行中依据管理体系严密控制各步骤中的质量要素，才能做好质量的零缺陷管理。质量目标不是通过各种复杂的质量分析模型计算能达到的，质量问题也不是靠频繁变换各种工具和方法能根除的。质量管理部门要脚踏实地，要与各业务部门的工作高度融合，并深入到每个细节中去管控，按需求管理工程严控需求获取、分析、加工、转换、分配、实现、验证的研发全过程，再对产品上市后的生命周期运营阶段做好跟踪控制，这样才能从根本上解决质量问题。

7.3 质量管理工具分析

7.3.1 质量"双五"归零与运营体系

1. 归零的来源和依据

20世纪90代，质量问题频发，1995年8月，第一次明确提出了质量问题归零的概念。

2003年12月，《航天产品质量问题归零实施指南》（QJ 3183）发布，归零成为航天工业行业标准。

2012 年 12 月,《航天产品质量问题归零实施要求》(GB/T 29076—2012)发布,归零上升为国家标准。

2015 年 12 月,中国航天科技集团有限公司主导制定的 ISO 18238 *Space systems-Closed Loop Problem Solving Management* 正式发布,首次把中国航天管理的最佳实践推向国际。

2017 年 7 月,GJB 9001C—2017《质量管理体系要求》实施,"双五"归零作为质量问题归零要求,成为武器装备研制的通用要求。

2. 什么是质量问题归零

GJB/Z 9000A—2001 的 3.6.17 中,质量问题是指故障、事故、缺陷和不合格等。

质量问题归零是对在设计、生产、试验、服务中出现的质量问题,从技术上、管理上分析产生的原因、机理,并采取纠正和预防措施,以避免问题重复发生的活动,如图 7-5 所示。

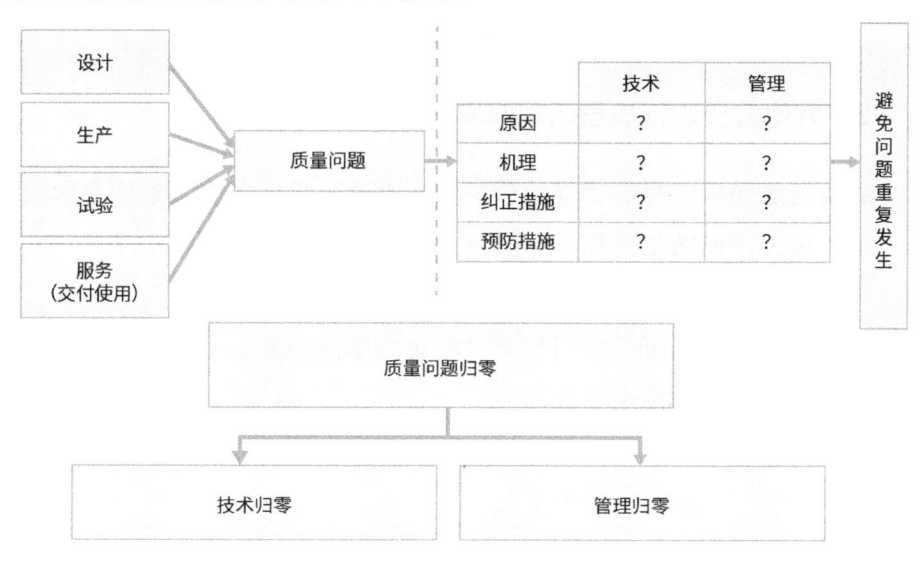

图 7-5 质量问题归零内容

(1) 技术归零

针对发生的质量问题,从技术上按定位准确、机理清楚、问题复现、措施有效、举一反三的五条要求逐项落实，并形成技术归零报告或技术文件的活动，如图7-6（a）所示。

（2）管理归零

针对发生的质量问题，从管理上按过程清楚、责任明确、措施落实、严肃处理、完善规章的五条要求逐项落实，并形成管理归零报告和相关文件的活动，如图7-6（b）所示。

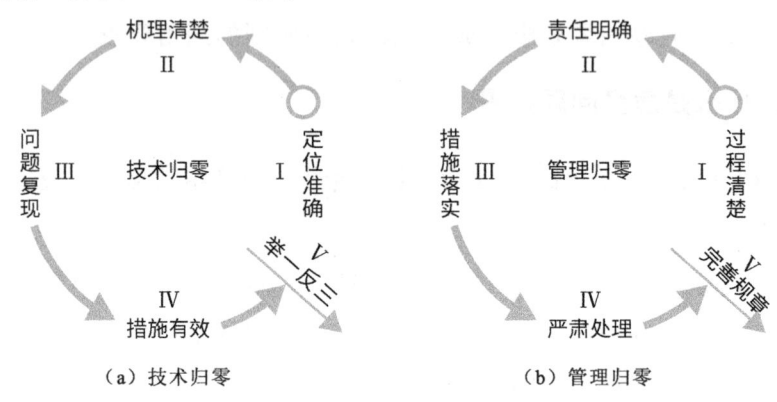

图7-6 技术与管理归零

3．为什么要进行质量问题归零

质量问题归零的目的是促使研制团队吃透技术，发现质量体系薄弱环节，培养员工严谨的工作作风，提高技术和管理水平。

（1）内涵——从救火到防火

实现质量管理从事后的问题管理转化为事前的预防管理。

（2）历程——从技术到管理

技术上深挖问题根源，管理上不断吸收、发展，完善管理缺陷。

（3）职责——从个人到全员

质量问题"双五"归零不是哪一个人的事，而是一个系统工程。要从个人到全员，对归零问题归纳梳理，形成组织资产库，全员学习和防范。

（4）管理——从报告到评审

吃透需求、吃透技术、厘清报告、通过评审。

第 7 章 管理提升视角

4．哪些问题要归零

（1）技术问题归零范围

需对厂内（前 5 条）、厂外（后 5 条）发现的问题归零。技术问题归零范围如下：

① 影响研制进度、造成与其他单位的接口设计修改、造成性能指标下降、造成生产返工的设计质量问题。

② 造成重大经济损失的设计和生产质量问题。

③ 因技术原因，造成批次性和重复性的生产质量问题。

④ 因技术原因，造成批次性电子元器件、原材料质量问题。

⑤ 造成试验失败或损坏产品的试验技术问题。

⑥ 单机、系统（分系统）交付后出现的因技术原因造成的质量问题。

⑦ 产品在靶场或外场出现的因技术原因造成的质量问题。

⑧ 因技术原因造成的武器装备交付后影响使用的质量问题。

⑨ 影响任务完成的因技术原因造成的质量问题。

⑩ 上级部门、型号指挥系统和设计师系统确定需技术归零的质量问题。

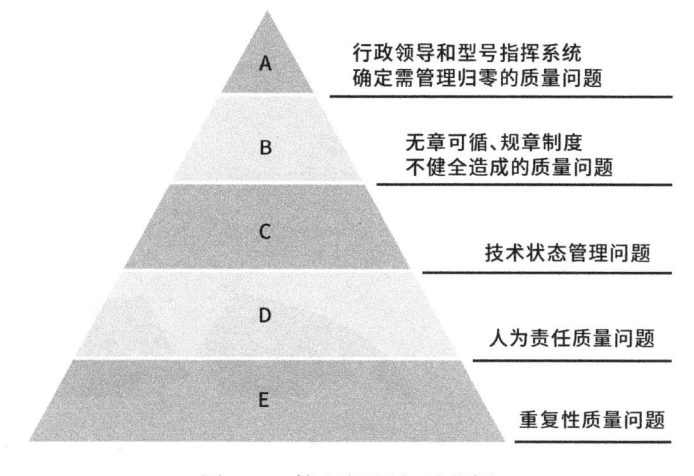

（2）管理问题归零范围

管理问题归零范围如图 7-7 所示。

- A：行政领导和型号指挥系统确定需管理归零的质量问题
- B：无章可循、规章制度不健全造成的质量问题
- C：技术状态管理问题
- D：人为责任质量问题
- E：重复性质量问题

图 7-7 管理问题归零范围

5．怎样归零

（1）技术归零步骤

技术归零步骤如图7-8所示。

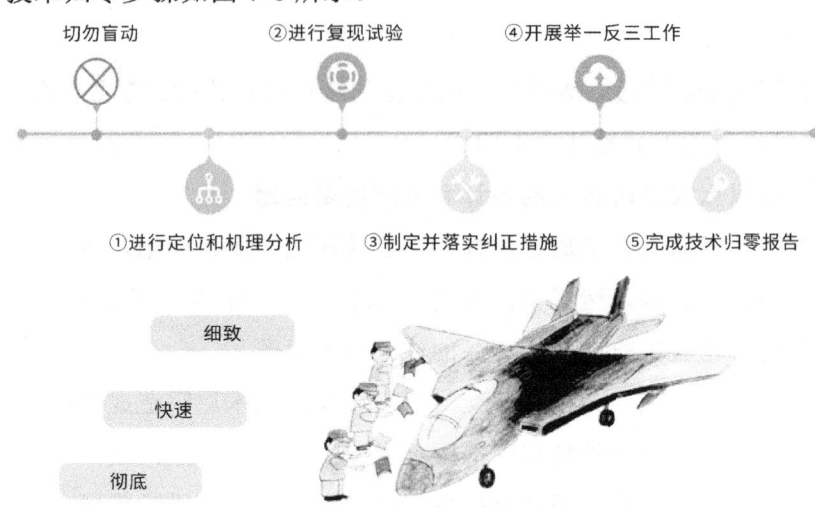

①进行定位和机理分析　②进行复现试验　③制定并落实纠正措施　④开展举一反三工作　⑤完成技术归零报告

细致
快速
彻底

图7-8　技术归零步骤

（2）管理归零步骤

管理归零步骤如图7-9所示。

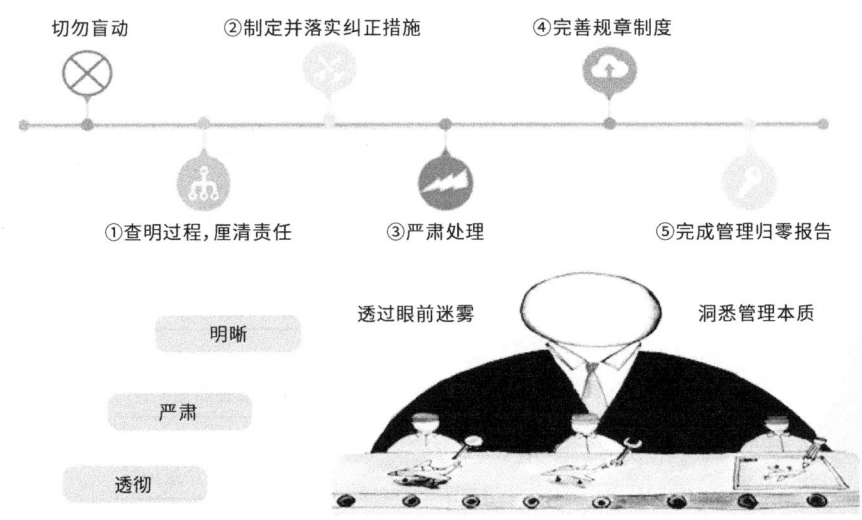

①查明过程，厘清责任　②制定并落实纠正措施　③严肃处理　④完善规章制度　⑤完成管理归零报告

明晰
严肃
透彻

透过眼前迷雾　洞悉管理本质

图7-9　管理归零步骤

6. 质量问题归零与运营体系改进的关系

在接收到内、外部质量问题反馈和投诉后，要进行技术和管理问题的分析与追溯，分析并定位 AOS/NQMS/Zemic_ZOS 体系的运营价值链中产生问题的技术和管理原因，及管理支持业务域中的管理原因；将质量问题归零后，进一步举一反三，追溯体系上存在的问题，并加以完善。

7.3.2 APQP 与研发管理体系

质量、效率、成本是项目管理的三要素，APQP 通过注重先期质量策划、过程管控、风险预防，实现质量保证，如图 7-10 所示。

1．APQP 主要特点

（1）注重质量前期策划；

（2）注重全过程风险预防；

（3）应用多种工具和方法，如 FMEA、MSA、SPC、流程图、乌龟图、QFD 等分析质量问题；

（4）明确各阶段模板表单，如关重件及关重特性清单，现场作业指导书、特性表单等。

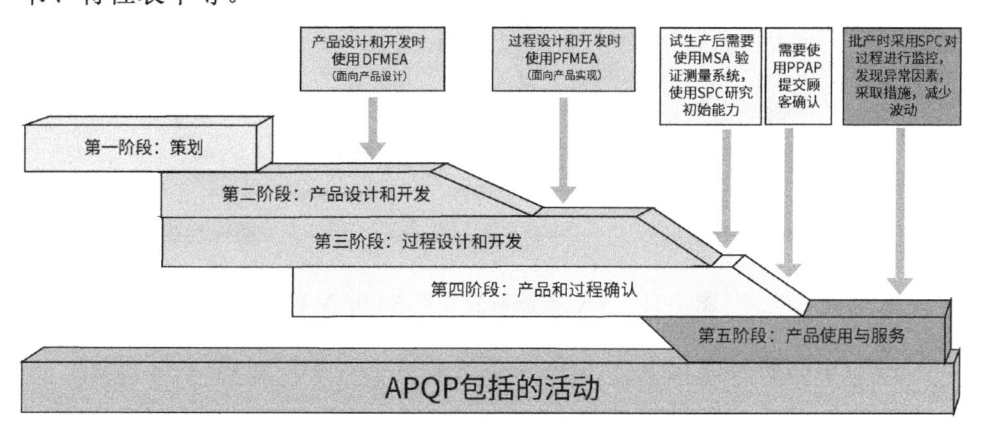

图 7-10　APQP 包括的活动

2. 常用研发管理流程

（1）V模型

V模型是瀑布模型的延展与细化，是自顶向下分解设计，自底向上集成验证，形成V字形。V模型指出了开发中各个阶段及其对应测试阶段之间的关系，对测试分层理论和测试知识体系产生重大影响，提升了软件开发质量。

V模型的左侧主要是设计：做什么，怎么做。

V模型的底部主要是实现：按左侧设计要求做软件编码、系统产品样机制造。

V模型的右侧主要是测试：做得怎么样。

软件开发模型与时俱进、不断发展，从软件V模型又延展成系统集成产品（机、电、软集成）研发的V模型。中航电测研发管理Multi_V模型如图7-11所示。

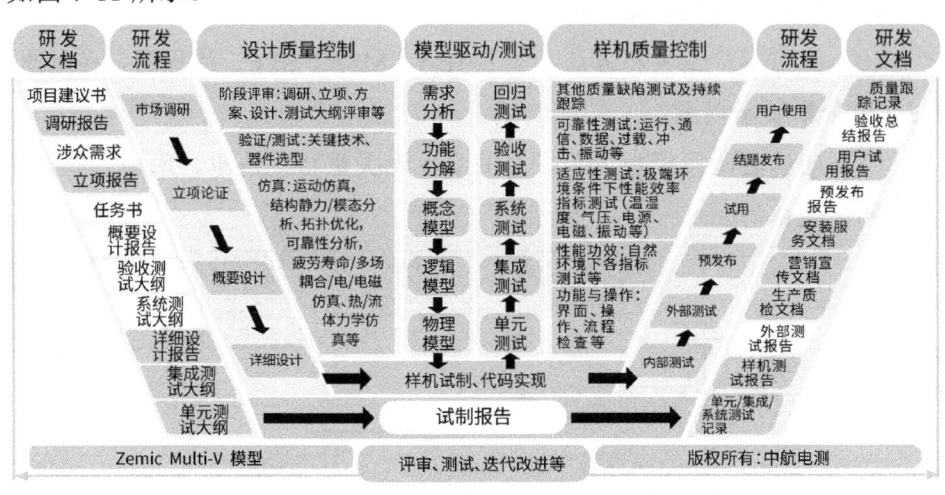

图7-11 中航电测研发管理Multi_V模型

（2）军品研发流程

我国军品研制是按照GJB 9001C—2017《质量管理体系要求》的要求和GJB 2993—97《武器装备研制项目管理》规定的研制阶段进行研发的，

不同行业、企业在通用框架和要求的基础上形成了更加细化的开发过程。军品的 F、C、S、D、P 阶段，本质上是 V 模型中研发设计→样机制造→产品测试的多轮迭代递进。

3．类比分析

（1）共性问题

无论何种研发管理模型和方法，包括上述的 V 模型、军品研发流程，以及集成产品研发管理体系 IPD、APQP 等，都需要回答以下问题：

做什么：市场调研、需求分析、立项论证，确保做正确的事。

怎么做：概要设计、详细设计、样机制造（软件编码），确保正确地做事；

做得是否正确：测试、评审、仿真控制，以及风险控制等。

迭代完善：需求是逐渐明细的，尽量在前端搞清需求，减少迭代，但迭代仍难以避免。

（2）研发质量

研发阶段质量的控制，归根到底始自需求收集，终至需求实现与产品上市，想要做好一系列围绕需求工程展开的全过程控制，就要深入至每个步骤、活动中去精准控制各质量要素，不要把工具和方法的运用当成目标，而是要把实现高效、高质、低成本的产品开发，实现企业市场、财务和战略成功作为目标。

不同的工具和方法，都只是从不同的视角来描述如何去实现上述目标而已，APQP 是从质量管理这个局部视角提出的研发管理过程控制方法，应该将其思想融于研发管理体系。所以要学会综合运用工具去解决问题，而不能被工具所左右。

7.3.3 管理质询

目前，中航电测在某咨询公司指导下，开展了管理质询活动，即 5I

自运营管理,以目标和结果为导向,重点从培养和训练执行力的角度,去提升企业运营的质量与效率。在 Zemic_ZOS"战略规划"模块的经营管理功能中,将管理质询的步骤、制度要求、表单进行了固化,各部门在 Zemic_ZOS 中操作,并自动生成相应的绩效数据。

1. 核心思想

5I 自运营管理的核心思想是围绕公司发展规划,将发展规划进行分解,并纳入各部门的年度与月度计划进行管理,通过制订明确的计划,对计划的完成情况进行监督检查,以此来提升执行效率。

2. 执行步骤

5I 自运营管理采用实战训练方法,教会中高层做好管理,做好执行,在具体的事务中体会执行的理念、学会执行的方法,帮助企业转变风气,提升业绩。执行步骤分为以下 5 步。

(1) 明确工作目标和结果:组织编制各部门的《职能说明书》和员工的《岗位职责说明书》;围绕公司发展规划,制订各部门年、月、周计划。

(2) 明确工作流程:通过流程显性化的方式,实现工作的标准化和高效执行。

(3) 注重过程检查:注重对工作过程中形成的记录、数据、结果等开展检查,包括总经理检查、上级检查、业务检查、自检等。

(4) 及时进行奖罚:对于月、周计划的执行情况,召开由公司领导和各部门负责人参与的质询会,由各部门负责人汇报上月/周计划的完成情况,并汇报下月/周的计划,以此循环,形成闭环管理;根据月、周计划完成得分,及时考核和奖罚。

(5) 改进提升:假如列入月、周计划中的某项工作,在多个时间周期均无法按时完成,则组织公司主管领导和相关部门负责人共同参与改进会,明确问题、分析原因、寻找措施、重新承诺,并列入后期的月、周计划。

3. 工具关系分析

不同质量管理工具和方法其本质基本相同，都是基于 PDCA 的逻辑关系去解决问题，只是侧重点不同而已，如图 7-12 所示。

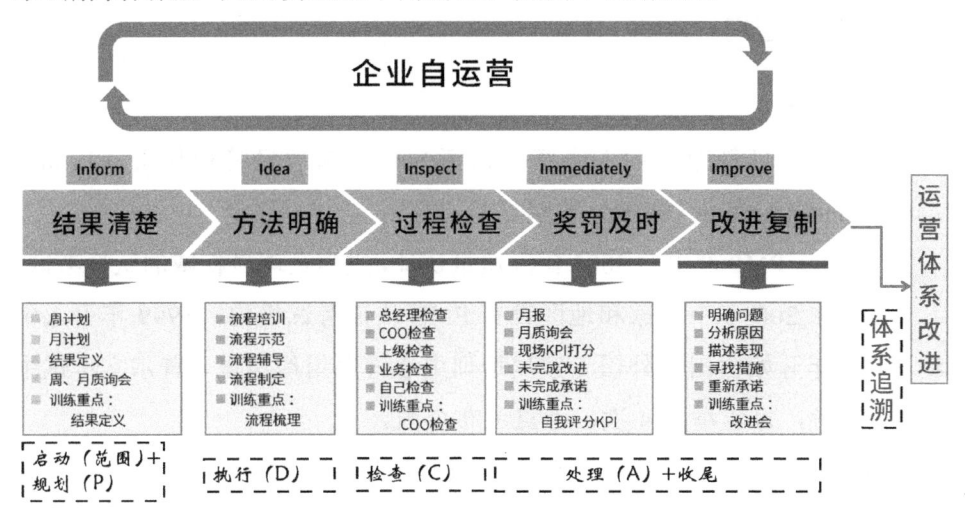

图 7-12　管理质询与 PDCA 及项目管理的关系

7.3.4　综合分析

总之，做任何事情，首先要明确目标、工作方法、工作范围并制订工作计划（P），然后按照事先制定的工作方法去执行（D），工作过程需要监督检查（C），对检查出的结果要及时处理及奖罚（A），需要总结、提炼并改进与复用（收尾），最后需要追溯管理体系中的漏洞并加以改进。PDCA、项目管理、质量"双五"归零、APQP、研发管理体系思想都是基于同样的逻辑去解决问题，只是侧重点不同而已。所以，在工作中需要看清这些工具和方法背后的逻辑，领会其"神"，融会贯通，为我所用。

7.4 项目管理逻辑

1．项目管理

（1）PMP

PMP（项目管理专业人士资格认证）由美国项目管理协会（Project Management Institute，PMI）发起。

1999年，PMP获ISO 9001国际质量认证，成为全球最权威的认证考试。

在全球200多个国家和地区设有PMP认证考试机构，1999年引入中国，2000年开始由国家外国专家局培训中心筹办组织考试，普尔文考试中心进行监考，每年举办4次，考点遍布全国。

PMP传授的是通用型项目管理知识，因此在同类型考试中只有一种认证级别。当然，为了体现项目管理的纵深度，美国项目管理协会仍配套建立了其他相关认证，诸如CAPM（项目管理助理师）、PgMP（项目集管理专业人士）、PfMP（项目组合管理专业人士）等，以满足不同管理层次人员的需求。

（2）信息系统项目管理师考试

● 全国计算机技术与软件专业技术资格（水平）考试。

● 工业和信息化部教育与考试中心负责全国考务管理工作。

与PMP比较：

① PMP适合多行业，通用型，美国项目管理协会发起，国际认证。

② 信息系统项目管理师针对软件行业，分中级和高级两个等级，三门课程一次通过才行，难度更大，可以以考代评。

2．项目管理10大知识域逻辑关系

通俗来说，PMP项目管理就是针对所要开展的项目，明确要做什么（范围管理），什么时候做（时间管理），用什么代价做（成本管理），按什么要

求做（质量管理），需要什么资源（人力资源、采购管理），如何沟通（沟通管理），如何整合管理要素实现最优（整合管理），有哪些风险及如何应对（风险管理），最终达到项目目标以满足干系人需求（干系人管理）。

10 大知识域间的逻辑关系如图 7-13 所示。

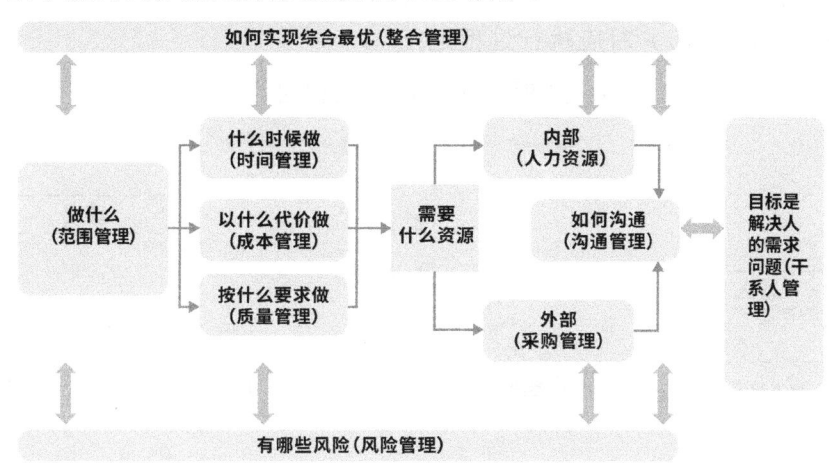

图 7-13　10 大知识域间的逻辑关系

3．项目管理过程组

从时间维度来看，项目生命周期分为开始项目、组织与准备、执行项目工作、结束项目 4 个阶段。在整个项目生命周期中，项目管理按照生命周期的 4 个阶段，展开 5 大过程组、10 大知识域的相应工作。

项目管理 5 大过程组依次为启动、规划、执行、监控和收尾。5 大过程组内又包含了 49 个节点，根据项目繁简程度、项目类型的不同，可以对节点进行剪裁优化。项目管理 5 大过程组关系图如图 7-14 所示。

每一个阶段的结束，以完成该阶段的所有工作内容及达到相应目标，并通过审核/评审或者测试验证等作为标志；同时启动下一阶段工作，直至项目结束。

4．项目管理与 PDCA 的关系

PDCA 源于质量管理，与 PDCA 相比，项目管理还需要一个确立项目

的启动过程；又因为项目有生命周期，所以项目管理是一种有限的努力，另外，它还有一个收尾过程。启动过程组是这些循环的开始，而收尾过程组是其结束。PDCA 与项目管理阶段对应关系如下：

（1）P（计划）对应规划过程组；

（2）D（执行）对应执行过程组；

（3）C（检查）+A（处理）对应监控过程组。

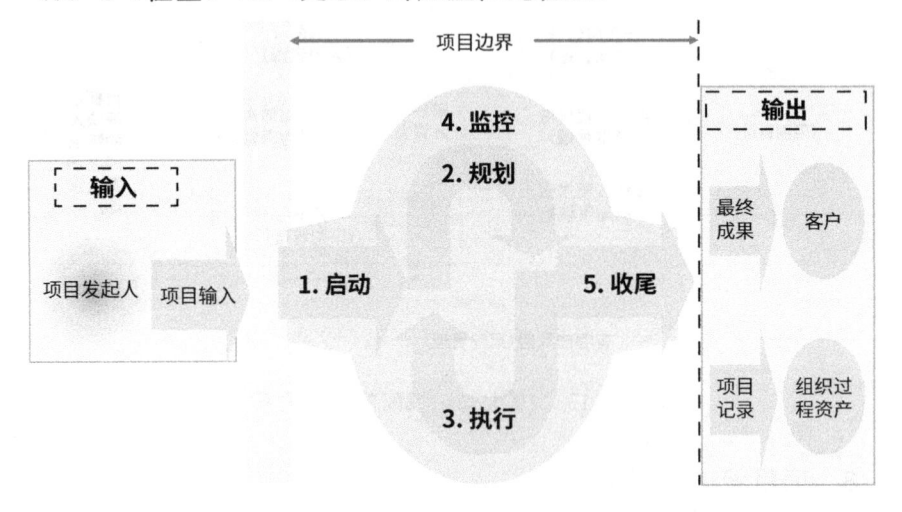

图 7-14　项目管理 5 大过程组关系图

7.5　管理方法和工具的组合应用

在企业运营过程中，体系是指导、约束与保障，项目管理、PDCA、数字化等是工具，运营过程的具体工作还得靠人借助于方法和工具去实施。各种体系、工具和方法不可孤立看待，要理解其背后的逻辑及它们之间的关系，要学会组合运用。

本节以项目管理为基础，组合分析各种方法和工具之间的关系。

1．项目管理是基础

营销、研发、基建等项目，以及可视为项目进行管理的大量日常工作

（如年度计划、生产计划、采供计划、会议/活动筹备等），应如何运用项目管理知识进行管理呢？

质量问题解决中的 PDCA 循环与项目管理工具的区别与关系？

问题的深入分析、方案的构思步骤等结构化工具如何融合应用？

常用管理工具与运营体系之间如何相互作用？

2．组合应用举例

图 7-15 给出了从战略目标出发，依据企业经营的逻辑构建起运营体系，并在数字化平台的支持下开展工作的过程。图中重点展现了在促进企业运营体系改进优化过程中，体系、视角、管理工具之间的综合关系。

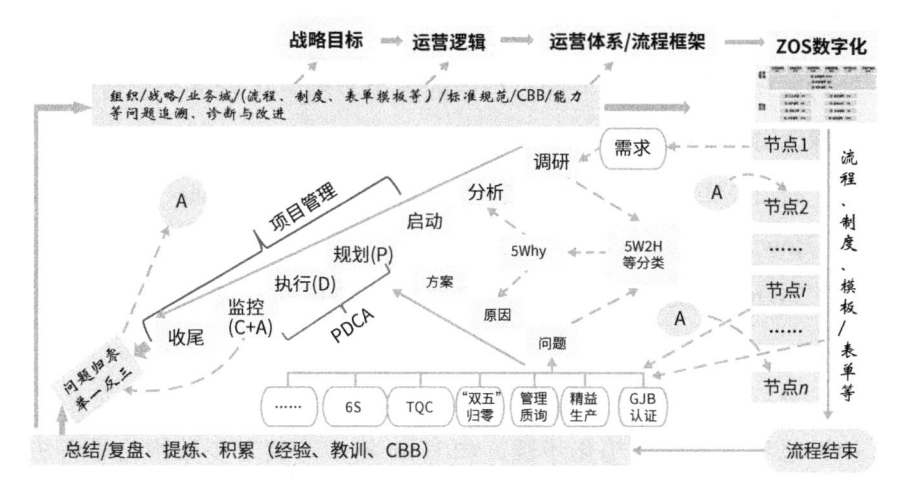

图 7-15　体系、视角、管理工具之间的关系

（1）在各工作流程的执行中，若遇到需进行一项新工作时（如产品研发，节点1），首先需要获取需求，并对其深入调研、分析，在明确工作（项目）目标后，用项目管理的思想开展工作，直至最终完成任务，并回到下一个流程节点。

（2）在执行流程时若遇到问题（如节点 i），我们常常会运用相应视角的检查分析工具，去分析问题的原因，找到解决问题的方法，然后进入 PDCA 循环去解决问题，解决完毕后便回到下一个流程节点。

（3）流程执行结束，我们往往会对这项工作进行总结或复盘，从中吸取经验和教训，并存入经验教训登记册；对于可重用的资源加以提炼，形成 CBB（产品、技术、模板、架构等），以便在以后的工作中复用。

（4）针对过程中遇到的问题，我们需要将其归零并举一反三，去思考追溯其他业务或产品的同类问题是否还会发生并加以预防和改进。

（5）在把表面发现的问题解决后，应进一步追问：为什么会发生这样的问题？是体系有漏洞还是执行/监管不力？在追踪、分析、定位体系问题后，制定相应方案和措施，改进优化体系并升级数字化系统。

按上述步骤不断迭代循环，改进优化，使企业运营体系水平螺旋式攀升。

3．结构化深度分析

针对发现问题与解决问题过程中的各个步骤，可以进一步借助相应工具进行深入分析。

（1）符合 MECE 原则的分类，如 5W2H：Why、What、Who、When、Where、How、How much。

（2）5Why 深度追踪。为深入追踪问题的根源，连续追问 3～5 个为什么。

（3）分析问题的结构化步骤，如 Why 树、问题 5 步结构化分析法等。

（4）思考方案的结构化步骤，如 How 树、方案 5 步结构化思考法等。

第8章 数字化管理提升

在构建 Zemic_ZOS 数字化运营管理平台并进入运营阶段后,还需要基于运营中发现的平台本身的问题及管理体系的问题进行优化和改进。企业生存的唯一理由来源于为顾客创造价值,为顾客创造价值的能力表现在提供产品的质量、成本、交期和服务等方面,因此企业的数字化运营管理必须在这几个方面持续改善。改善的起点应从经营表现开始,在识别企业运营中存在的问题后,导入改善的工具,组织有效的工作实施改善,并进一步递归到运营体系优化中,来持续保持高绩效。

关于改善的管理工具有很多,基本上都是基于 PDCA 这一解决问题的逻辑,但相对而言缺乏系统性。本章讲解基于数字化运营管理背景下的系统性管理改进方法。

8.1 精益管理思想

精益管理源自精益生产(Lean Production),是衍生自丰田生产方式的一种管理思想和方法。中文将"Lean"翻译成精益,一方面是取"精"字中的精练、精确高效和"益"字中的利益和增加,另一方面是企业通过精准的控制获取效益。经过多年的持续发展,精益管理由最初在生产系统的管理实践,逐步延伸到企业的各项管理业务,也由最初的具体业务管理方法,上升为经营管理理念。它能够通过加快流转速度、提高质量、降低成本,从而提高顾客满意度,以最小的资源投入,使组织社会性的价值实现最大化。

8.1.1 精益管理的目标

从指标的维度来看,精益管理的目标是企业营业收入的稳步增长和利润率的持续提升,实现经营质量逐步提高;从经营的维度来看,精益管理的终极目标是客户满意、员工幸福和企业的可持续发展,是三方共赢。企业推行精益管理,既要从节流的角度不断地发现与消除浪费,还要从开源的角度思考用精益的思维为企业获取更多新的经济增长点。

8.1.2 精益管理的五项原则

一个传统的企业如何能够从现有的经营模式转型为精益管理模式是很多企业管理者持续思考的问题。詹姆斯·沃麦克、丹尼尔·琼斯两位教授在《精益思想》这本经典的精益管理著作中给出了答案。他们描述了企业推行精益管理的五项原则：定义价值、识别价值流、流动、拉动、持续追求尽善尽美。

1. 定义价值

客户是企业生存的唯一理由,所以价值只能由客户来定义,企业对客户有价值的活动才是正常的工作,其他的都是浪费。所以,企业管理者需要从客户的视角来识别运营过程中的哪些步骤是为客户创造价值的,哪些是不创造价值的,在客户希望提供价值的地方为客户提供所需要的产品和服务。

2. 识别价值流

企业的整个运营过程基本上都可以用流程来描述,通过流程的现状分析,寻找浪费点并改善,这种方法称为价值流图分析（VSM）。从精益的视角来看,可将企业的活动分为三类:一是为客户创造价值的步骤;二是不创造价值但在现有的技术条件下无法省去的步骤（如品质检验等）;三是不创造价值且可以马上去掉的步骤。

这里以企业运营中的三个核心价值流与相应任务为例进行说明。

（1）产品研发：客户需求→概念形成→产品设计→投产，是解决问题的任务。

（2）订单到交付：客户订货→制订计划与准备→产品交付，是信息管理任务。

（3）制造到交付：原材料采购→生产加工→产品交付，是物质转换任务。

识别价值流的重点是从客户的视角识别并消除不创造价值的步骤，即识别并消除浪费。浪费的持续消除，并注重在过程中方法的提炼和人才的培养，最终构成了强大的丰田生产方式。在消除浪费的过程中，提炼出了很多的精益工具和方法（快速换型、一人多机、防错、看板拉动、作业三票等），这些方法在消除浪费的过程中都能发挥巨大的作用。

3．流动

在精确定义了价值，并完成了价值流的识别（将与创造价值无关的环节消除）之后，就需要注重与创造价值相关环节的流动（见图 8-1），要注重流动的速度和流动的质量。采用相应的精益工具致力于物流断点和信息流断点的消除和顺畅衔接。

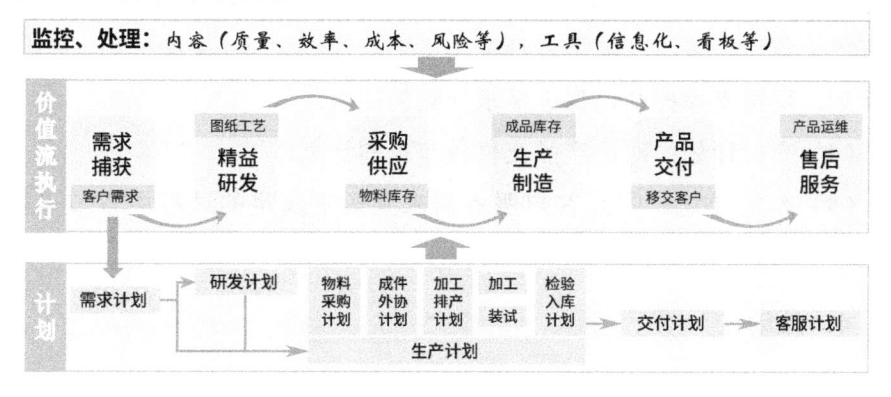

图 8-1 生产制造型企业主价值流程及计划管理逻辑

整个现场流动可重点关注以下 4 个方面。

（1）精益研发流：产品开发流程。

（2）采购供应流：基于齐套性管理的原材料及外协加工品采购。

（3）生产制造流：影响交期与质量的生产制造流程。

（4）订单到交付流：因计划不合理导致交期延长或"两金"（存货及应收账款）增加的相关产品，其采购供应流、生产制造流、产品交付流之组合及相应的计划制订与执行。

主价值链流程运行主要通过计划管理来牵引，计划又由客户需求牵引。根据客户的需求制订一系列合理的计划，并按照计划严格执行，整个流程便开始流动。企业根据客户订单需求及合理的妥投量（根据质量管控能力放大至一定倍数，如 1.1～1.3 倍，并持续追求降低该数值）形成需求计划。需求计划按照技术与生产两条路线进行，技术路线形成研发计划，在技术路线完成的情况下进行生产，产能平衡后形成生产计划，进而形成交付计划和客服计划。

（1）需求计划：客户订单需求+妥投量，形成整个公司的需求计划。

（2）研发计划：依据产品研发流程，制订研发计划。

（3）生产计划：包含物料采购计划（包括原材料、外购件、刀夹量具、化学品等生产辅助用品）、成件外协计划、加工排产计划（n 个设备对应 m 个零件的车间作业调度问题）、检验入库计划（零件及产品最终的入库计划）。

以上各计划按照产能平衡形成年度生产计划大纲、季度计划、月计划、日计划，层层支撑控制，保证需求计划的完成。

（4）交付计划：对应产品交付各节点的计划。

（5）客服计划：收到客户服务需求到需求满足的过程中各节点控制计划。

4．拉动

"拉动"一词最简单的意思，是在下游客户提出要求之前，上游不组织生产商品或服务。如果能提高从产品开发到生产制造，再到产品交付的"流速",那么从订单到交付的时间将大大减少,这样就能够避免由于预测不准而造成的库存积压,其理想状态是"一个流",流速加快也能更早地暴露和解决问题,避免批量性质量缺陷。零库存、取消预测是理想的目标,对于民品而言,在进入买方市场的今天,只能尽量减少库存和营销预测带来的不确定性;对于军品而言,订单式生产居多,仅有少量的预投,平衡成本和交付不及时给企业带来的影响后,可以将库存控制在合理的范围内。

5. 持续追求尽善尽美

精益生产将上述4个原则在良性循环中相互作用,让价值流动得快一些就能更多地暴露出隐藏的浪费;越使劲"拉动",阻碍流动的障碍就越会明显地体现出来,从而也就能将它们排除,持续追求尽善尽美。

8.1.3 精益核心理念

(1)持续优化

现场精益改善基本上都是针对企业核心价值流的持续优化。当然,我们会将改善过程中固化的知识和经验补充进企业的知识管理体系,推动管理支持类流程不断迭代优化。通过这样的改善,企业的价值流动过程会更加顺畅,作业现场的物料和资金占用也会大幅减少,从而减少"两金"的占用,企业的运营体系将更加健康。

(2)尊重员工

精益运营企业的转型,更多在于员工的改变,在于员工能够主动发现问题并积极运用精益工具解决问题。全员改善的氛围养成是精益转型成功的一个重要标志。

8.2 体系整合与应用

本节通过对运营过程中常用的管理工具、体系运营问题的分析,深层次剖析它们之间的内在逻辑关系,理解与提炼企业运营体系及其管理提升的本质内涵,看清企业运营的内在结构。运用精益管理的思想,需要围绕创造价值去整合与重构体系,消除一切由于多体系、多方法之间重复与冲突带来的浪费。

8.2.1　一体化运营体系构建

1. 目前的常见问题

(1)你所在的企业已构建起运营体系了吗?

事实上,运营体系一直存在并正在运行,只是流程是否已显性化,制度是否文件化,结果记录是否数据化、表单化。

(2)你所在的企业通过 ISO 9000 或 GJB 9000 认证了吗?

若已通过,这就是一套已显性化的运营体系(方针、目标、组织职责、流程、制度、记录等)。

(3)经认证的运营体系运行现状与效果如何?

◇ 不好用

明明是按实际工作需要编制的,为何不好用?为何不改进?

◇ 不想用

有更好的方法吗?仍需回到"人治"状态吗?

◇ 忘了用

存在这么多问题怎么办?想通过现场检查诊断、改进来提升吗?改进什么体系?通过改进重建体系吗?迭代为何不在已建立的体系基础上进行?

(4)不停更换工具能帮助你做好工作吗?

陷入一种怪圈,出了问题→找工具→努力学习理解→构建体系→结果固化→执行力差→效果不及预期→又出了问题→否定以前的工具→继续找工具……

（5）你所在的企业有多少套体系？与企业实际运营需要相符吗？

ISO 9000 或 GJB 9000 /AOS/NQMS/数字化系统；

研发专项：IPD/MBSE/APQP 等。

2．运营体系构建思路

企业的运营体系要想持续改进、不断优化，需要在借鉴现代企业管理思想、成果与经验的基础上，做好顶层架构设计，尽量提高运营体系初始迭代的起点，避免运用不同体系、方法、工具"堆砌"带来的大量重复无效劳动与频繁变换"套路"带来的思想混乱。

从企业经营内在的逻辑来思考，需要建立一套运营体系来支撑企业的发展，如图 8-2 所示。

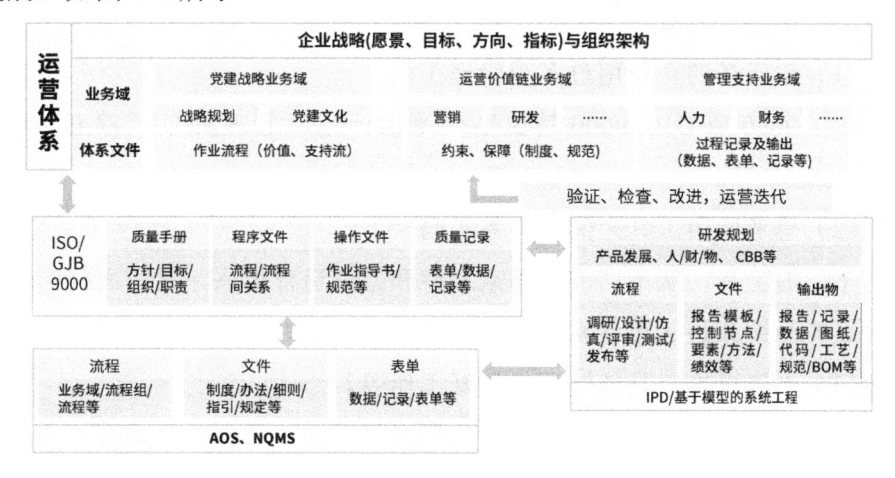

图 8-2 多视角运营体系整合

（1）ISO 9000 或 GJB 9000 从产品质量管理控制的需要，构建相关范围内各业务的运营控制体系，把它的思想扩展到全业务域，便是企业全业务运营管理体系，这也就是 AOS、NQMS 的本质思想和内容。

（2）IPD 在产品质量控制的目标及其控制流程与方法上与 ISO 9000/GJB 9000 是一致的，两者体系文件的结构也类同，主要由流程、制度（约束与保障）、记录等组成，内容范围应是前者包含后者。

（3）基于模型的系统工程（MBSE）也是针对研发提出的，其研发流程及控制要求与 IPD 基本相同。研发管理体系需要统一整合成一套体系，核心是要确保研发方向正确，并控制研发质量、提高效率、降低成本。

（4）将各业务域进行整合，形成统一的运营体系，进而实现数字化运营。

8.2.2　体系迭代改进的传统视角

下面再来分析运营过程常用的管理工具、体系运营问题的观察与改进视角，深层次剖析它们之间的内在逻辑关系，按 MECE 原则，整合与重构观察与改进视角。

1. 目前的常见问题

（1）你所在的企业用过多少管理工具？

ISO 9000 或 GJB 9000/精益生产/平衡计分卡/管理质询/"双五"归零/TQC/ 6S/6σ 等。

（2）思考所用工具之间的关系了吗？

不同的工具，从不同的视角来观察和改进运营体系，它们之间的关系是什么？与被改进运营体系之间的又是什么关系？

（3）不停更换工具能够帮你做好工作吗？

仍然会陷入这样的怪圈，出了问题→找工具→努力学习理解→构建体系→结果固化→执行力差→效果不及预期→又出了问题→否定以前的工具→继续找工具……

（4）在用管理工具改善时是否忘了已有的运营体系？

管理工具理论不断"创新"，很多工具本来是为了解决一个点的问题，或从点→线→面→体系解决不同层次的局部问题，不能把它理解为可以替代整个体系管理的"法宝"。

在缺乏对顶层架构认知的前提下，常常抛开现有体系去学习建立新的体系，导致管理思想无法持续迭代改进；企业不能对同一项业务去构建多个体系，这样会引起管理思想的混乱。

2．体系迭代改进思考

针对已构建的企业运营管理体系，如何不断改进优化呢？

（1）自底向上的验证、检查、改进，运营迭代

每一个流程、每一项制度、每一个表单，都需要逐项验证、试用、检查，并不断改进，以满足实际需要；战略、组织架构、职权分配也需要动态检验、研讨与迭代改进，尤其在整套运营体系经数字化固化后，更需测试、验证、迭代优化。

这些工作，大量的是从末端流程开始检查、验证、追溯，自底向上改进与优化体系。

（2）多视角检查诊断

体系在日常运营过程中会产生的各种经营结果（见图8-3中"运营绩效"），要善于运用各种管理工具，多视角检查诊断，不断优化运营体系，如图8-3所示。

图 8-3　运营体系的多视角检查诊断提升

3．管理工具问题思考

运用目前的各种工具做数字化运营背景下的管理改进，存在着重复和

遗漏的问题。如何简化操作，通过统一的规划及分类，整合不同的视角工具，并不断完善；如何综合当前（质量、效率、成本、服务等）及未来（创新、竞争、团队、文化、战略等）的指标，构建运营绩效的一体化指标体系，是优化运营体系过程中需要考虑的问题。

8.2.3 体系迭代改进的视角重构

1．视角重构

基于数字化运营管理体系的迭代、改进、提升的需要，我们希望构建起符合 MECE 原则的视角，按 Zemic_ZOS 的 18 个业务域进行整合重构，每个业务域再去分层分类地构建起观察指标体系，如图 8-4 所示。

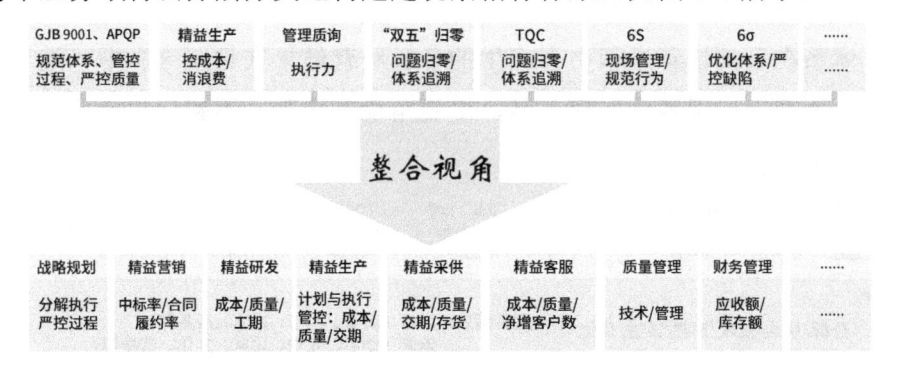

图 8-4 运营体系的检查诊断视角重构

2．构建指标体系

需要构建各业务域指标体系用于发现、分析与追溯问题，表 8-1 给出了市场营销业务域的部分指标，在此基础上去分层梳理，列出指标的层次关系与算法，再通过 Zemic_ZOS 驾驶舱实现指标的提取、计算、显示与管理。

表 8-1 市场营销业务域指标

序　号	类　别	指　标
1	订单	当月订货、当月同比、累计订货、累计同比、订单执行率

续表

序号	类别	指标
2	发货	当月总发货、当月同比、累计发货、累计同比
3	收入	年度目标、完成数、完成率、同比增长
4	回款	年度目标、完成数、应收账款占比、回款率、同比增长
5	利润	年度目标、完成数、完成率、同比增长、毛利润率、净利润率
6	合同按时履约率	年度目标、完成数、完成率
7	商机转化率	线索、订单、转化率

3．构建驾驶舱

按业务域，分别构建起战略、业务、执行三层驾驶舱，通过指标体系的逐层汇总、统计、上传与显示，领导从战略层发现问题、从业务层分析与追溯问题、从执行层去解决问题。

4．运营与迭代提升

经过自顶向下系统设计的数字化运营系统，需要自底向上逐项验证和试用，并不断改进，以满足实际需要。在日常运营过程中，要善于观察各类指标，借助管理工具，由表及里地多视角检查诊断，不断优化运营体系，如图8-5所示。

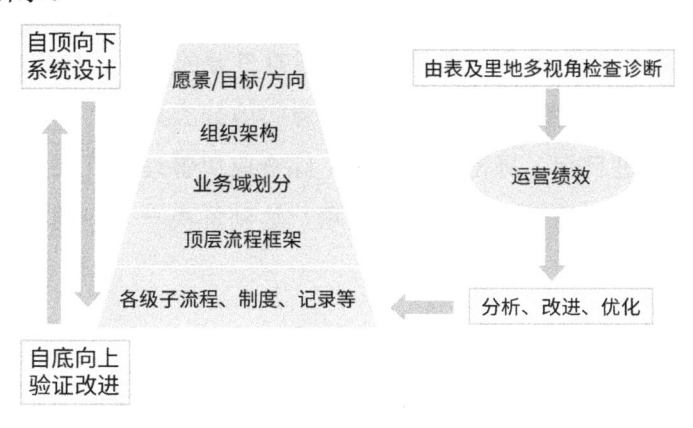

图8-5 运营体系构建与优化

面对众多的工具，要透过现象看本质，不能被表象所迷惑，明确企业运营体系优化的目标、方法和工具，减少无效劳动，不断提升企业运营质量与效率。

8.3 发现与解决问题的工作步骤

作为企业管理者，重要的是把握精益管理的核心思想，学会观察各业务域的指标并找到问题，然后运用合理的方法、步骤推进问题的解决。发现问题到解决问题的工作步骤如图8-6所示。

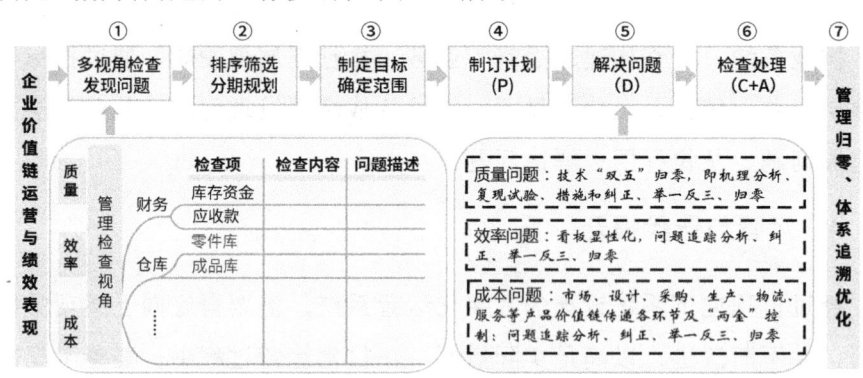

图8-6 发现问题到解决问题的工作步骤

在企业运行过程中，对指标进行分析检查，发现企业运行过程中的问题，综合考量问题的大小、难易程度及现有资源的情况，按重要/紧急、重要/不紧急、不重要/紧急、不重要/不紧急实施分类处置。针对筛选出的瓶颈问题设定改进目标、提出改进策略，综合应用管理工具实施改进行动，最后还要检查体系是否存在漏洞或缺项，达到解决一个问题、规范一类问题的目的。

8.3.1 检查与发现问题

现场管理过程中如何识别和定位问题，应坚持"三现"（现实、现地、现物）原则，问题在现场，控制在过程，答案在岗位。

从各业务域中，提取运营价值流部分现场检查常用的项目指标，有助于管理者快速识别问题。

8.3.2 分析与解决问题

对上述发现的问题进行分类排序，选择近期重点项目加以快速解决；做好分期规划，后续不断滚动改进，整个过程可按照 PDCA 执行。

对于近期需要重点解决的问题，需要明确问题解决的目标，并制定为实现目标所需的措施及方案，列出需要做的工作内容。

对工作内容做 WBS 任务分解，制订任务计划、执行任务、监控实施过程、处理相关问题，过程记录如表 8-2～表 8-4 所示。

表 8-2 任务计划表

分类	检查项目	问题描述	工作目标	工作范围	担当人	分级	完成时间
"两金"							
仓储管理							
……							

表 8-3 过程描述表

分类	检查项目	问题描述	原因分析	纠正措施	举一反三	问题归零	担当人
"两金"							
仓储管理							
……							

表 8-4 效果检查与处理表

分类	检查项目	工作目标	目标完成情况	原因分析	纠错实施	绩效评价	担当人
"两金"							
仓储管理							
……							

在分析与解决问题的过程中，应综合运用 5Why、5W2H、树状图、决策矩阵、鱼骨图法等结构化工具，不重不漏地去开展工作，提高工作效率与质量。

下面从质量问题、效率问题、成本问题 3 个方面进行分析。

1．质量问题

质量问题分为外部质量问题和内部质量问题两个方面。外部质量问题主要来自客户的评价反馈，如产品的开箱合格率、外观、测试合格率、装机合格率等；内部质量问题可以按照一次加工合格率、一次装试合格率等指标来衡量。问题识别后可采用 8D 报告、质量"双五"归零等方法进行分析和解决。

2．效率问题

主要从业务流程角度进行价值流分析，通过看板显性化快速暴露问题，并通过问题追踪分析、纠正、举一反三、归零等步骤达到问题解决和效率提升的目标。

3．成本问题

可采用作业成本管理法或产品交付流程价值构成写实等方法进行成本控制。成本管控能力的强弱主要用应收、存货占比等指标来评价，这些指标也反映了企业的盈利能力和现金流的风险状况，需要重点控制。

8.3.3　体系问题追溯与改进

运营过程中所有发现的问题均可以在体系中找到合适的答案，一方面是有体系不执行，所谓的"两张皮"；另一方面是体系中未详细规定，属于体系的缺陷。因此问题归零后还要对照体系进行追溯与改进，防止今后继续出现该问题，可按照表 8-5 中的内容，对体系进行改进与完善。

表 8-5 体系分析与改进建议表

分类	检查项目	问题描述	体系问题原因	改进建议	建议人	担当人
"两金"						
仓储管理						
……						

8.4 协同管理创新

企业数字化运营体系需要不断迭代、改进与提升，过程中涉及许多管理创新活动的开展及成果的固化应用。各项相对独立的管理创新工作，需要系统筹划与推进，在企业整体运营体系框架的约束与指导下进行任务分配与协同。

1. 体系与协同创新

自 2016 年启动研发体系改革以来，我们开展了系列化的体系性管理创新工作，形成了"基于逻辑学训结合的员工成长管理体系""集成产品研发流水式管理体系""一体化数字运营管理平台""一体化数智工厂建设方法"，以破局研发制造型企业面临的"人资之痛""研发之痛""数字化之痛""制造之痛"。

各体系之间相互协同，共同推进了企业的进步。如图 8-7 所示，基于职场逻辑思维能力的训练，期望大家具备透过现象看本质的能力，学会做事要把握"形"背后的"神"，找到二八原则中的"二"，治病治根，做到事半功倍；逻辑维能力的提升，有助于项目管理思想（时间维）的学习、理解与应用；这样逻辑维、时间维的能力又会共同促进知识维的学习与应用，从而保障研发管理体系改革的深入推进；研发能力的提升，又推动了数字化运营体系、智能工厂的建设。

建设一体化数智工厂

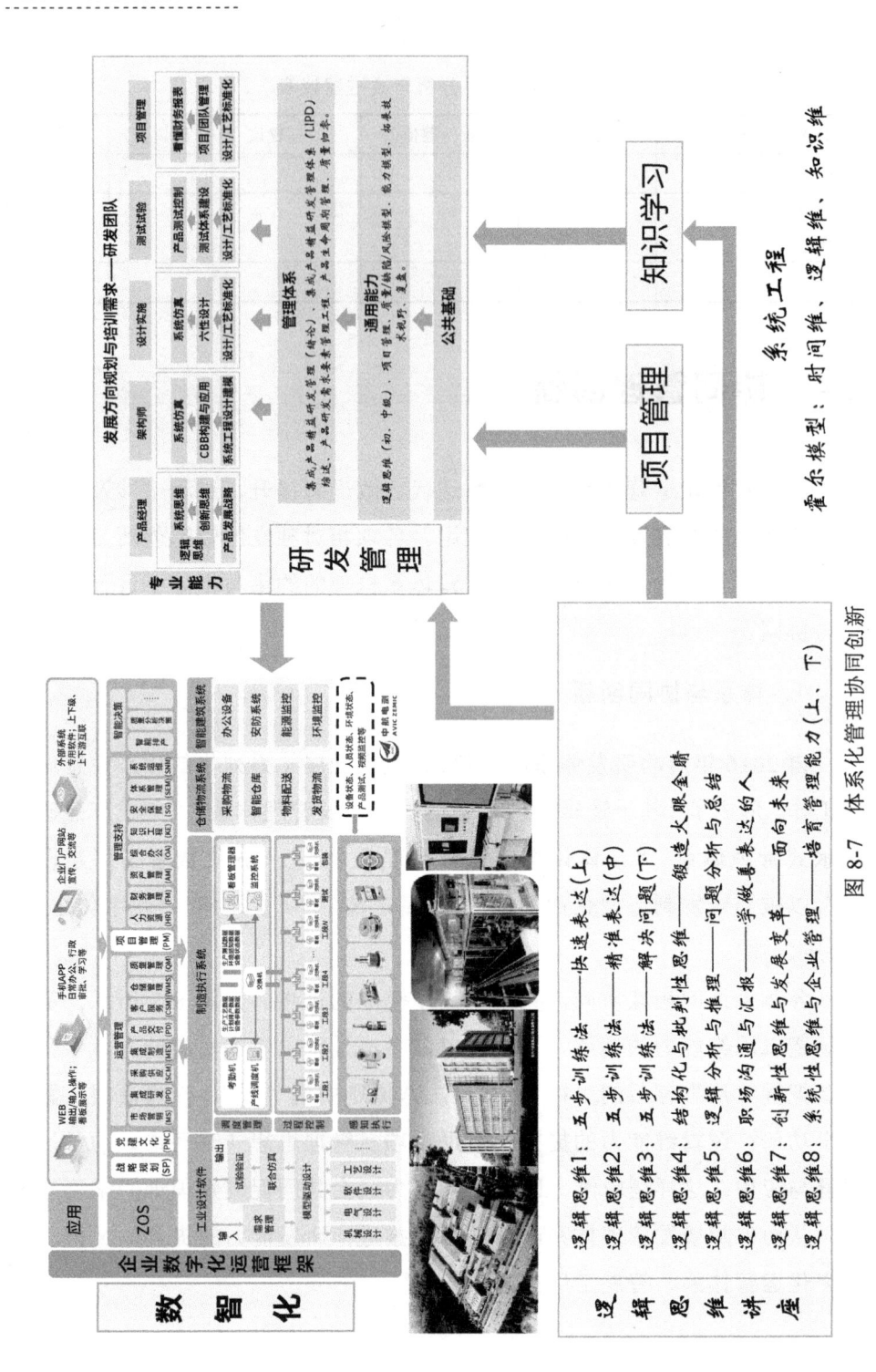

图 8-7 体系化管理协同创新

2. 局部性创新

为推动企业研发体系改革与数字化建设的深入开展,我们进行了员工能力的系列化训练。大量基于数字化的管理创新成果,从训练的作业演变为管理创新成果。

(1)提出问题

在能力训练过程中,员工需要以解决自己实际工作中的问题为背景,做案例作业,展开组内讨论,并通过最终的专家点评。

(2)提炼课题

在作业中,提炼有价值的案例,并在公司立项推动;在参与实训的员工中,抽取与课题工作密切相关者组成课题组,进行专项攻关研究。

(3)成果检验

管理创新成果应能基于数字化实施固化,从而实现人(总结提炼规律、进行数字建模、形成成果)到软件(固化执行)的目的。在实施软件开发前,课题组需要借助电子表格等易获取工具快速建模,并在实际工作中进行成果验证。

(4)数字化平台固化

将经过验证、评审的成果,通过软件设计与编程,将其纳入数字化运营管理平台实施统一管理。成果可分为体系改进、问题解决方法与工具、数据智能决策分析、CBB 等。

3. 数字化管理创新成果

表 8-6 列出了已融入或正在融入 Zemic_ZOS 的部分管理创新成果。

表 8-6 部分管理创新成果

序号	名 称	内 容	创 新 点
1	员工成长管理体系	构建职级通道、评价体系、知识工程、能力训练、绩效与职级薪酬、数字化支持的完整体系	基于逻辑维、时间维、知识维的体系化训练;知识工程数字化

续表

序号	名称	内容	创新点
2	研发流水式管理体系 LIPD	构建基于团队与能力建设，符合离散型制造业特点的研发管理体系	创建 Multi_V 模型、需求工程、一体化数字研发管理平台、基于核心团队能力的训练；支持构型管理
3	一体化数字运营管理平台 Zemic_ZOS	一体化构建覆盖企业运营全业务域、全要素的数字化运营体系	一体化架构、各模块独立运行、可分步建设，无孤岛（无须治理）；业财一体、业管一体、战略与计划管控
4	一体化数智工厂建设	一体化数字运营框架，支持研发设计、制造执行、仓储物流、智能建筑等系统的互联，支持数智工厂建设	一体化架构、结构清晰（双维度矩阵：设备、产线、厂房、工厂；信息流、物质流、控制流、智能建筑）；符合制造业运营逻辑；支持集团化互联、集成供应链互联
5	智能排产 Zemic_ZOS.APS	智能排产总模型、关系模型、工艺模型、产能模型、计算模型等	符合实际生产排产逻辑、信息流一体化贯通、算法准确高效

8.5 企业运营体系驱动

数字化运营管理平台需支持管理成果的固化与运营体系的持续迭代改进。自顶向下的体系化建设与管理迭代改进，是优化企业管理体系与固化企业管理成果的基础，使我们今后在应用管理工具时不再是狗熊掰棒子，而是体系化可持续改进；自底向上地点状发现并解决问题后，需要进一步完成管理问题归零，使其成为体系迭代改进的补充。

至此，经过系统的分析与思考，基于企业运营的本质内涵，形成了适合于集成研发制造型企业运营体系构建与持续改进优化的整体思想，通过实践取得了良好的效果。企业运营体系驱动环如图 8-8 所示。

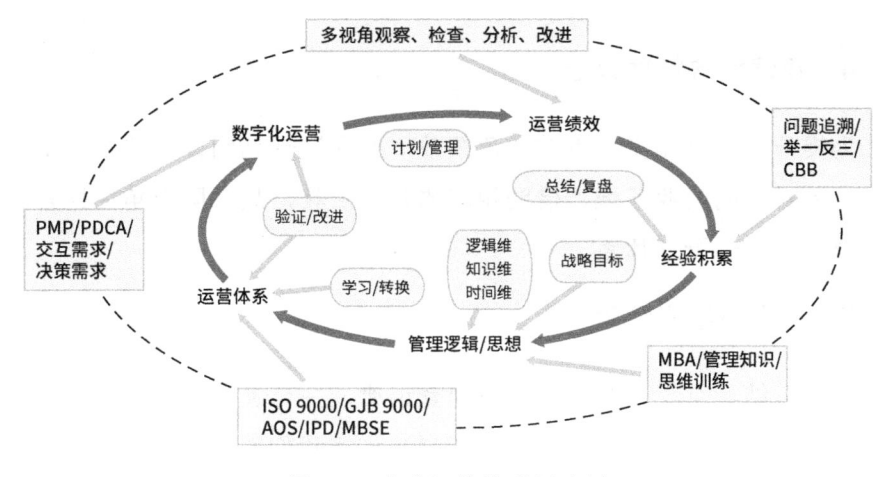

图 8-8　企业运营体系驱动环

8.5.1　驱动环的循环迭代步骤

1．理解管理逻辑与提升管理思想

为实现企业战略目标，需要运用已积累的经验及自身的能力，思考企业运营的逻辑，形成自己的管理思想。

2．运营体系构建

基于自身管理思想，学习吸收现代先进的运营管理体系，借助于 ISO 9000、GJB 9000、AOS、NQMS、IPD、MBSE 等体系化方法，理解并参透其本质含义，构建适合企业自身的运营体系。

3．数字化平台支撑

为了支撑体系的高质、高效运营，需要打造数字化运营管理平台，实现两化融合。各业务域的测试、验证是完善与改进平台的必要手段；项目管理、PDCA 等管理思想贯穿于平台的操作与控制中；使用过程中的各种交互需求、管理人员的决策分析需求，不断驱动平台的改进升级。

4. 运营绩效管理改进

为提升在数字化支撑下的运营绩效，要通过规划到计划的主动牵引与管理，针对不同的业务域，借助相应的管理工具，从不同视角去检查、诊断、分析和改进管理体系。

5. 积累与丰富经验

通过总结、复盘，编制经验教训登记册，并在发现问题、解决问题、举一反三、CBB 构建过程中，不断积累与丰富我们的经验，进一步提升我们的认知与管理水平。

8.5.2 基于逻辑，把握本质

我们需要透过现象看本质，透过各种体系、工具表面的"形"去看其背后的"神"，抓住问题的本质，构建起可以持续迭代改进的体系及观察改进视角。以质量问题为例做如下思考。

1. 出了质量问题怎么办

运用各种质量管理工具，经过分析、追溯与处理，治"已病之病"。

问题：需要多少种工具？

思考："双五"归零法认真做好了吗？够用吗？还需要补充什么？

出了质量问题，常常会由质量部门主持召开质量分析专题会议，分析质量问题产生的原因和机理（复杂问题会进一步安排专题研究），然后采取措施加以解决。解决质量问题的方法很多，例如，运用 PDCA 的四个阶段八个步骤去解决和改进质量问题；采用"双五"归零法去解决和改进军品的质量问题。

"双五"归零法中的技术归零主要是治"已病之病"；管理归零是要治"未病之病"。

2. 如何防止质量问题的发生

运用各种质量管理工具,经过复杂模型计算,治"未病之病"。

需搞清楚产品全生命周期管理过程的每个活动需控制什么质量要素,然后进行精准控制与验证。产品质量是产品全生命周期管理过程中的一个要素,它不是孤立存在的。

做好了研发、采购、仓储、制造、交付、客服等每个环节的管控,所有细节不出问题才是零缺陷。目前的情况是质量部门在做事后追溯与归零,难以做到事前防范,因此导致质量问题无法根除。下面以研发和制造过程为例,简单做一下介绍。

(1) 研发过程

研发过程管理能力弱是产品质量问题的源头,因此一定要深入研发业务流程的每个步骤,精准控制各个要素。进行质量要素(重点关注历史质量问题)识别与建模,按需求管理工程严控需求获取、分析、加工、转换、分配、实现、验证全过程。

不这样做行吗?认真做了吗?认真按这条路径去做是不是就能逐步逼近目标?还需要补充什么?

(2) 制造过程

首先需要做好产品统型工作,形成标准产品系列,减少生产管理难度,降低管理成本;然后做好工艺标准化(工艺设计、验证、迭代);再按工艺标准要求组织生产,严控全过程的每个作业细节;最后逐步提高自动化水平,走向智能制造。

不这样做行吗?认真做了吗?认真按这条路径去做是不是就能逐步逼近目标?还需要补充什么?

8.5.3 运营体系持续改进优化

我们需要有定力,看清企业运营的本质,搭建起当前认知水平下的最优体系,提高循环迭代的起点;整合与选择检查诊断视角,不断改进优化,使企业自动化、数字化、智能化融合水平螺旋式攀升,逐步走向智能制造。

第 9 章　员工成长管理

企业可持续发展的根本动力是人才的发展。人才是组织造就核心竞争力的重要因素之一。人力资源管理是企业管理的重要组成部分，人才的科学培育与合理使用，对企业的生存、发展和壮大有着至关重要的作用。

在这个科学技术日新月异的时代，企业面临着越来越多的不确定性，市场的竞争日趋加剧。严峻的市场形势要求企业对外界的变化能够做出快速反应，其中组织的最小单元——员工（本文中泛指全体在职人员）的重要作用日益凸显。

1．人力资源痛点

许多企业在人力资源管理方面仍存在以下痛点问题：

（1）人才引进竞争力低下

没有构建起良好的人才引进保障机制，尚未构建科学有效的用人机制；未能对引进的人才进行有效激励和推动，降低了人才引进的有效性，导致"能人进不来，庸人出不去"。

（2）职业发展通道不畅

员工的知识结构、能力特征与岗位的任职资格、职责内容匹配度低，导致员工无法有效发挥自身的特长；未合理建立起员工的职业晋升通道，成长机会少，导致员工对自己的前途迷茫；人才缺乏内部竞争，存在缺乏成长活力、人才断层明显、人才流失严重等问题。

（3）人力资源管理数字化水平不足

对于企业来说，建设人力资源管理数字化系统是一项长周期、耗资大的工程，而大多数人力资源管理系统（e-HR）是针对各类企业的人力资源管理常用功能开发的,对于企业员工成长管理方面的关注匮乏。

(4)缺乏有效的人才培训体系

很多企业在人才培养方面做了大量的努力,"走出去、请进来"的工作也做了不少,但效果仍然不及预期。虽然培训轰轰烈烈,但是员工成长依然缓慢,打造学习型组织慢慢成了一种形式。

2. 解决思路

按照总体策划、系统推进、分步实施的原则,企业可以建立"职业发展路径+能力评估+培训培养+绩效评价激励"的人才管理长效机制,形成人才快速成长、员工能力有效提升的生态型组织,达到企业发展与员工成长双赢的效果,如图9-1所示。

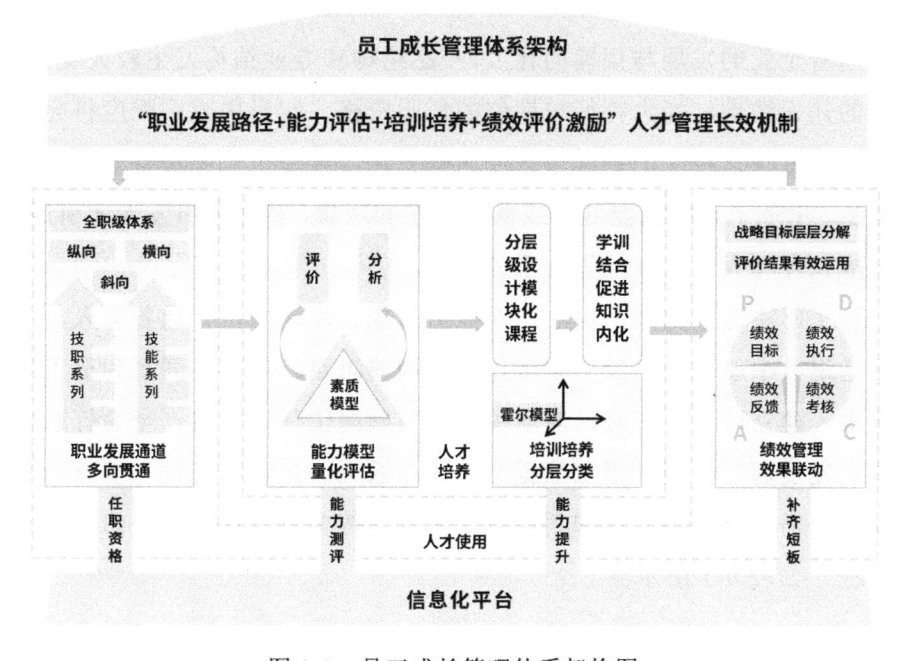

图 9-1 员工成长管理体系架构图

(1)企业需要以规划员工职业发展路径为基础,构建贯通和互融的人才发展通道,实现对员工成长的规范化管理。

(2)应该明确岗位/角色的能力需求,设计不同角色人员能力模型,开展能力评价，让员工看到自身能力的差距，实现对角色/岗位的能力评估和对员工能力的有效识别。

（3）企业需要按照员工的职级和岗位构建分层分类课程体系，实现对员工培训的精准性，通过采取"学+训+用"结合的方式，实现员工能力的快速提升。

（4）以绩效管理的流程和方法为主线，坚持以贡献者为本的绩效评价激励理念，探索各级人员绩效管理的方法，实现对人才的有效激励，促进企业员工快速成长。

9.1 职业发展通道设计

随着企业的发展与规模的壮大，产品结构和专业结构发生较大变化时，员工的知识结构、能力特征与岗位的任职资格、职责内容匹配度将会随之变化，由于缺乏相应的系统去关注这些变化，导致员工无法有效发挥自身的特长，出现了人才高能低配或低能高配的现象，甚至会引发人才引进难、新人成长慢和人才流失快等一系列问题。

为了解决这些问题，进一步增强员工成长驱动力，打通各类人员职业发展通道，中航电测按照全职级体系的构建思路，设计不同系列员工的职级体系，建立职务与职级的对应关系，明确岗位任职资格，全面打通各系列职业发展通道，帮助员工依据个人所在系列、角色、岗位实现纵向主专业发展、横向跨领域发展和斜向跨专业发展等多种发展路径，拓宽人才成长路径，如表9-1所示。

9.1.1 职务与职级对应关系

职务是根据实际工作需要设置的，有明确的职责和任职条件，需要具备专门的业务知识和技术水平才能担负的工作岗位；职级是对工作岗位（角色）的等级划分。专业技术职务对应到其他系列职务类别和薪酬范围时，需要通过职级体系来实现。

表 9-1 全职级体系设计

职级	职等	总部	行政职务 分（子）公司	行政职务 事业部 成熟	行政职务 事业部 培育	专业职务 工程技术	专业职务 营销	专业职务 管理	技能	职等	职级
15		董事长 总经理				首席 专家			技能 专家	A	W6
14	A	副总经理	总经理			特级 专家	特级 专家		高级 技师	A	W5
	B	纪委副书记								B	
	C	副总工程师								A	
13	A	董事会秘书 部长（主任）	副总 经理	总监		一级 专家	一级 专家	一级 专家	技师	B	W4
	B									C	
	C									A	
12	A		部长 厂长 总监	副总监	总监	二级 专家	二级 专家	二级 专家	高级工	B	W3
	B									C	
	C	副部长（副主任）								A	
11	A		副部长 副厂长 副总监	部长 副部长	副总监	主管 工程师	主管 工程师	主管 工程师	中级工		W2
	B									B	
	C										
10	A~C					工程师	销售师	管理师		C	
9	A~C					助理 工程师	助理 销售师	助理 管理师	初级工	A	W1
8	A~C							管理员		B	

下面以企业工程技术类为例进行说明。

1．职级的划分

工程技术类划分 7 个职级，职级跨度为 9 级至 15 级，每个职级分不同职等（除 15 级以外），分别以 A、B、C 表示，对应具体含义分别为：A—专业水平（专业档）、B—标准水平（标准档）、C—初级水平（基础档）。

2．职务的区分

工程技术类包括 7 个技术职务，职务与职级的对应关系分别为：首席专家（15级）、特级专家（14级）、一级专家（13级）、二级专家（12级）、主管工程师（11级）、工程师（10级）、助理工程师（9级）。

3．角色的对应

工程技术人员根据所从事工作的属性，分为产品经理、架构师、项目经理、技术研究工程师、设计工程师、工艺工程师、测试工程师、质量工程师等角色，以适配研发管理工作开展的需要。

根据每个角色的工作内容，划分职业发展通道，确定职级范围，明确能力要求（即各职级的职等 A、B、C 与该职等所要求的能力水平一一对应），具体的对应关系如表9-2所示。

表9-2 工程技术系列各角色职业发展通道

职级	职等	专业职务	角色与职级对应关系							
15		首席专家	首席专家								
14	A B C	特级专家	产品总监	特级专家							
13	A B C	一级专家	^	一级专家							
12	A B C	二级专家	高级产品经理	二级专家							
11	A B C	主管工程师	产品经理	架构师	项目经理	技术研究工程师	测试工程师	质量工程师	设计工程师	工艺工程师	IT工程师
10	A~C	工程师	产品经理助理	销售（解决方案）工程师	服务（实施）工程师							
9	A~C	助理工程师										

9.1.2 任职资格体系

员工职级的任职资格主要包括能力、贡献、参考条件三部分，各角色对应的任职资格和要求各不相同。结合知识工程体系，每个系列任职资格应达到相应的要求。

1．能力

能力是完成本岗位职责或任务目标所需具备的主体条件，直接影响活动效率。

2．贡献

企业按照以贡献者为本的原则，将贡献分为个人贡献和组织贡献，根据岗位的不同属性，要求不同角色做出的贡献不同。

3．参考条件

参考条件主要以学历/工作年限、职称/知识为主，在职级评定过程中，对于其他条件均表现优秀的人员，可适当调整或放宽。

员工职级通道划分清晰后，不同职级均有相应的任职资格要求，而各职级的任职资格条件又对应着不同的能力和贡献要求。

9.1.3 职级评定

员工职级评定包括首次评定和年度调整。其中，首次评定是指新员工入职或员工调整岗位，需要按照不同层级的评审权限，对照各职级的任职资格条件进行评定；年度调整是指员工在首次评定后，按年度进行职级调整，如在同一职级内调整，需参考年度绩效评价结果，如跨职级调整，在满足职级调整的前提下，对照任职资格条件重新评定。

通过采取强制分布指导线的方式进行考核评价，可以合理拉开员工年度评价结果的差距，确保在年度调整时，员工职级能上能下。通过实行员工职级动态管理，能够有效增强员工成长驱动力。以工程技术系列为例，在职业发展通道内对照任职资格要求，设计相应能力提升课程，实施针对性培训培养，有效促进技术人员快速成长为独当一面的人才，技术队伍逐渐形成人才雁行梯队。

9.2 能力模型与评价

打通了职业发展路径，作为管理者，就要开始关注员工是否具备了胜任工作的能力。

员工能力是指其知识水平、道德修养以及其他各方面能力的综合体现。员工能力是决定个人成败和企业发展的关键；提高员工能力，是企业的一般要求和发展必需，是建立企业竞争力的关键。企业通过运用能力模型，快速识别员工的优势和短板，并以此针对性地开展培训，让员工能力快速提升，实现自我价值。

通常，能力分为通用能力和专业能力，以工程技术人员为例，建立工程技术岗位的通用能力模型和专业能力模型，如图9-2所示。

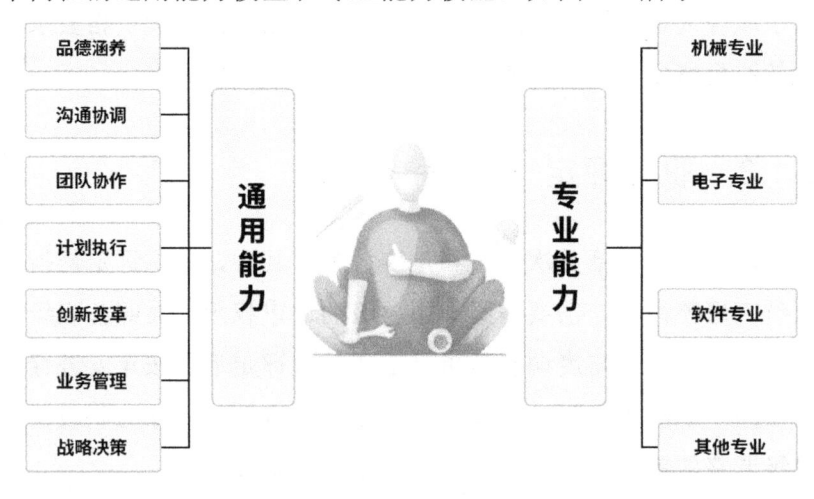

图 9-2 工程技术人员能力模型示意图

9.2.1 通用能力模型设计

通用能力，指的是一组具有普遍性、适合不同工作岗位的胜任特征，企业中的高绩效员工均具备一些通用的胜任特征。根据对能力模型的研究，归纳出工程技术人员的通用能力，如表 9-3 所示。

表 9-3　通用能力模型

（一）品德涵养	品行修养	（四）计划执行	推动执行
	积极乐观		工作毅力
	善于学习		适度灵活
	成熟稳重		把握问题
	遵守承诺		吸取教训
	认识自己	（五）创新变革	创新思维
（二）沟通协调	礼貌表达		创新推动
	交流顺畅		扫除障碍
	沟通技巧		追求卓越
	讲解能力	（六）业务管理	调研分析
	社交能力		业务能力
	解决冲突		制度管理
（三）团队协作	融入团队		处事能力
	个人魅力		解决问题
	营造氛围		策划能力
	民主集中	（七）战略决策	大局意识
	授权激励		竞争意识
	人才培养		洞察发现
（四）计划执行	分析能力		战略规划
	目标导向		战略执行
	计划制订		分析决策

9.2.2 通用能力的评价

企业可以从不同维度进行测评，通过数字化手段实施评价，如表 9-4 所示。

表 9-4 研发角色评分表（示例）

姓名：_____ 专业：_____ 总得分：_____

能　力		要　求　内　容	得分
品德涵养	品行修养	品德高尚、深孚众望、不偏执极端、为人宽容大气、懂感恩；勇于承认与改正错误，自身具备主动担当的责任意识	
	积极乐观	对自己、对工作、对组织满怀信心，即使在困境中也保持乐观态度	
	善于学习	善于为聚焦解决问题而针对性学习，能总结分析，理解精髓活学活用，能把握泛读与精读的关系	
	成熟稳重	适时控制自己的情绪，处事机智、灵活、沉着、冷静	
	遵守承诺	不做无法兑现的承诺，一旦承诺就力求兑现	
	认识自己	能够正确评价自身能力、了解自身优势和不足，把握自己的定位，规划自我发展	

9.2.3　专业能力模型设计与评价

1．专业能力模型设计

专业能力与员工所学专业和所从事的专业方向相关，在建立专业能力模型时，需考虑各专业的分类，进而建模、评价各类人员的知识水平、工具应用能力和解决问题能力等，为发现员工专业能力短板和针对性改进提供依据，如建立机械、电子和软件等专业的专业能力评价模型。

2．专业能力的评价与结果运用

与通用能力的评价和结果运用类似，通过信息化手段，由评审组按不同的维度进行评价，评价结果用于确定技术人员的职级和职等，同时作为培训需求的输入。

9.2.4　能力评价结果运用

企业根据员工的不同角色和岗位特性，建立不同的能力模型，按照能力模型测评维度对各类角色进行评价,并分析评价结果,梳理各类角色的能力缺陷分项,作为员工培训培养的输入要素,进而针对性地提升企业员工的能力,如图9-3所示。

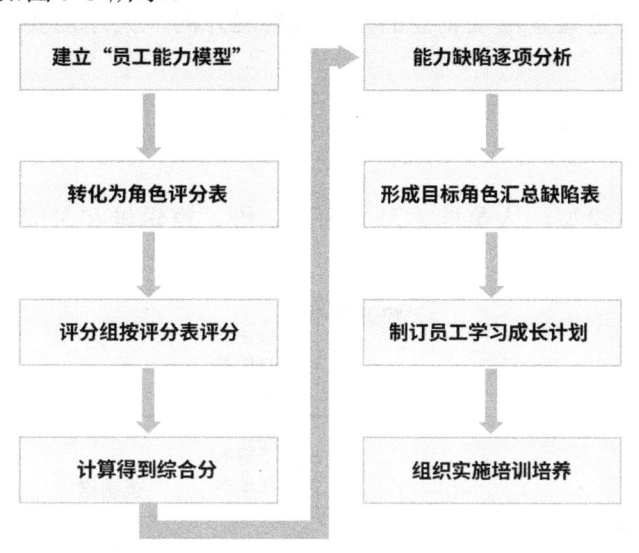

图 9-3 员工能力评价结果运用示意图

9.3 知识工程建设与应用

如何建立系统化的人才培养体系,形成人才培养的核心能力,如何让企业员工快速掌握所需要的知识,实现能力的提升,这些是企业在人才发展过程中需要解决的瓶颈问题。

前面我们讲了打通员工的职业发展通道,通过能力模型识别员工的优势和短板,本节将探讨如何围绕知识资源的整合,依靠数字化系统,建立系统化的人才培养体系,形成人才快速培养的核心能力,进而建立共享和持续学习的组织氛围,打造学习型组织。

建立学习型组织,鼓励员工积极参与企业内部管理改革与各项科研及经营活动,锻炼员工的创造力、创新思维及应变能力,从而有效改善企业内部工作氛围与文化环境,促进企业软实力的整体性提升,实现人才效益的最大化。

9.3.1 培训需求分析

员工成长是紧紧围绕企业的发展战略展开的，人才需要培训、引导和教育。

1. 霍尔模型

依据霍尔模型，人员能力可分为知识维、逻辑维和时间维，如图 9-4 所示。

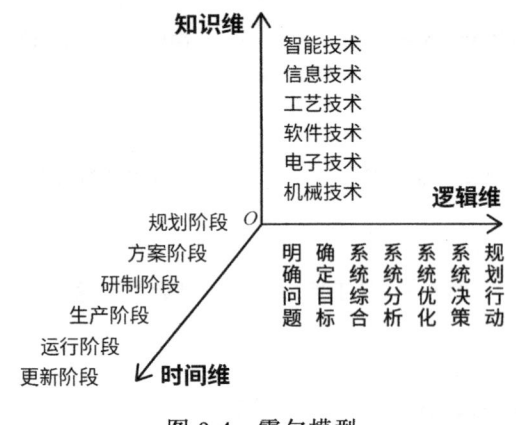

图 9-4 霍尔模型

（1）知识维

知识维是目前学生在学校学习的重点，是对各类知识的理解与运用。

（2）逻辑维

走向工作岗位后，为何难以较好地做到学以致用呢？这主要是缺乏做事的基本思路和方法，缺少逻辑维训练导致的。普遍的做法是依赖工作实践中师傅"传帮带"及依靠自身的能力去"悟道"，因而成长缓慢。

（3）时间维

有了做事的方案还得需要执行，执行力体现在沿着时间维的管控能力与效果上。项目管理、PDCA 循环便是计划执行的管理工具。

2．培训需求框架

如图 9-5 所示，我们来分析各类人员的培训需求。

发展方向规划与培训需求——以管理技术为例，其他方向可参照

管理方向	关注市场	技术方向
企业领导力	竞争动态	项目专项知识
团队竞争能力	技术动态	业务背景知识
团队管理能力	政策动态	专业技术能力

管理体系
各业务域相关管理流程、制度、方法、工具、记录、CBB等

通用能力
逻辑思维、项目管理、质量/缺陷/风险模型、拓展技术视野

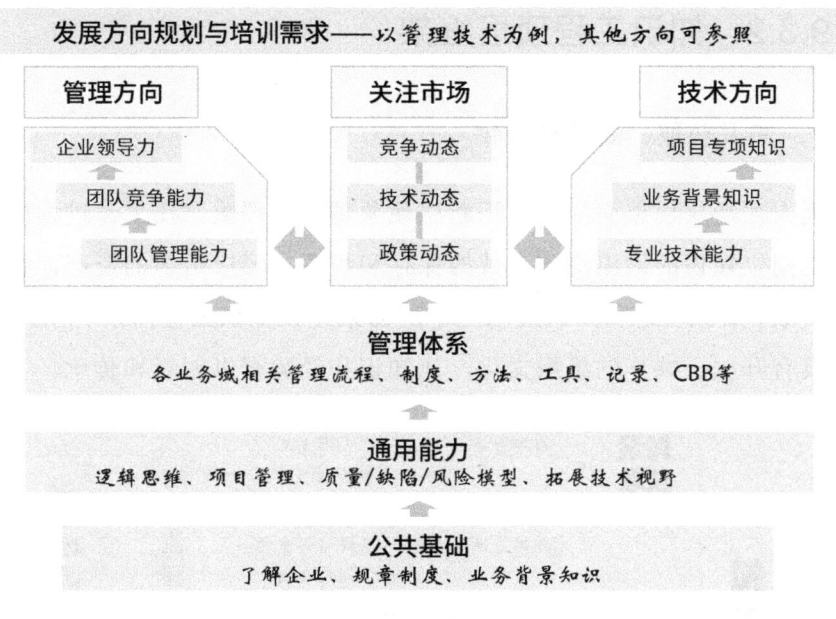

公共基础
了解企业、规章制度、业务背景知识

图 9-5　培训需求框架

（1）公共基础：一般来说，对于新入职的员工，了解企业情况、规章制度以及业务背景知识是基础。

（2）通用能力：在此基础上通过"逻辑思维"和"项目管理"等培训来提升逻辑维、时间维能力；通过构建"质量/缺陷/风险模型"并加以训练，提升员工做事的质量；通过"能力模型"的学习让员工认识自己；通过"拓展技术视野"课程的学习，扩展知识面，提升系统性解决问题的能力。

（3）管理体系：管理体系是工作的遵循与保障，每个业务域均应建立管理体系并被大家熟知与执行。

（4）技术方向：各业务域均有知识维的要求，以技术研发为例，需要机、电、软等专业知识；熟悉所从事业务范围的业务知识；精通在研项目的专项知识，其他业务域类同。

（5）管理方向：从事管理岗位的干部，需要有团队管理能力、竞争力，

更高层次的领导应具备企业领导力。

（6）关注市场：企业的工作是服务于客户与市场，大家应动态关注。

9.3.2　知识工程顶层框架

1. 知识获取、表达与应用

因人才断层现象而导致知识断层现象越来越严重，在工作过程中为了使员工岗位知识的输出得到有效的保存和积累，形成组织的资产，我们从知识获取、知识表达和知识应用三个层面来建立知识工程体系（见图9-6），打造具有开放、共享的组织文化，让知识和经验得以创新和传承。

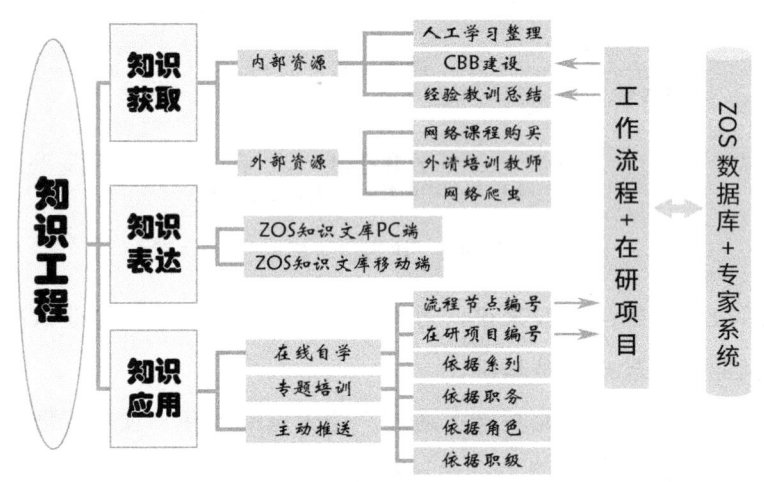

图9-6　知识工程框架示意图

2. 知识推送

当今，知识获取的渠道越来越多，企业员工已不再满足于传统的知识管理系统，新一代知识交流平台、知识智能化已成为一种新的需求。通过信息化手段，不仅能够有效地获取知识，同时也能通过文件与在研项目或工作流程的关联，将知识智能推送给相关使用者，加快知识转化，提高工作效率。

思考：有必要进一步在存储知识的文件中提取知识要点，做精准化的知识点推送吗？

我们认为是没有必要的，知识的学习需要同上下文一起才好理解，把知识过分碎片化并不利于理解，且有可能导致断章取义。

3．逻辑维与时间维

逻辑维与时间维的培训材料本身也是一种知识，它存储于知识库，需要经过大脑吸收并转换为思维与执行力。

9.3.3 知识文库建设

基于知识工程顶层架构，结合信息化（Zemic_ZOS）模块的整体应用，以及公司的具体情况，搭建了以知识文库、师资建设、培训制度和培训管理为主线的体系框架。其中，知识文库是核心，是师资建设、培训制度和培训管理的基础。

结合各类人员的培训需求，从企业的公共基础、通用能力、企业管理、专业知识、项目专项、市场信息、分享平台、公共基础模块（CBB）和考试题库等方面，搭建了基于数字化平台的知识文库框架，同时支持在线学习、考试等，如图9-7所示。

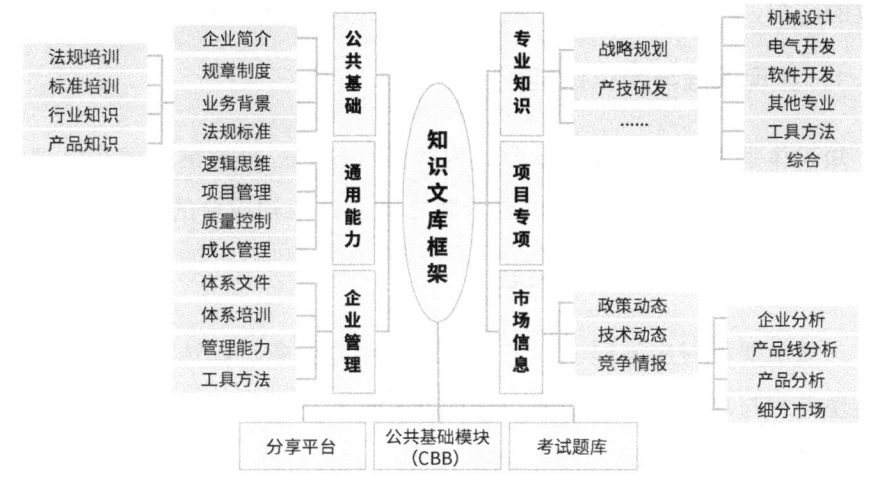

图9-7 知识文库框架

依据知识文库的内容框架，结合实际情况，设计所需要的培训课程，也可通过购置课程，丰富知识文库内容。为了规范管理各类课程，我们对列入知识文库的课程进行了 8 位编码管理：1 位分类号（一级分类字母）+7 位流水号。

9.3.4 课程设计

对照员工职业发展路径设计的职级体系，根据每一职级的任职资格和能力要求，可以分层级设计开发员工能力提升课程，如员工达到晋升职级的条件时，则需完成晋升职级的必修课程，并通过课程训练，取得相应学分。以工程技术系列员工逻辑思维训练为例，助理级员工需通过逻辑思维初级课程训练，中级员工需通过逻辑思维中级课程训练，高层级员工需通过逻辑思维高级课程训练。

9.3.5 课程匹配与应用

将设计开发的课程或引进外部优质的课程，与培训对象的岗位建立关联关系，匹配必修/选修课程和考核/考试形式，以此实现课程与培训对象岗位的匹配，应用线上与线下相结合的方式，达到如下目的。

1．实现课程与岗位的匹配

知识体系中的课程按照专业、内容进行分类；分层则体现在培训对象的岗位/角色、职级不同，岗位要求随之不同，应知应会的内容也不同。

2．实现知识与业务的关联

不同的课程对应不同的业务流程，可根据业务流程选择培训对象，以此实现课程与培训对象的匹配，如图 9-8 所示。

第 9 章　员工成长管理

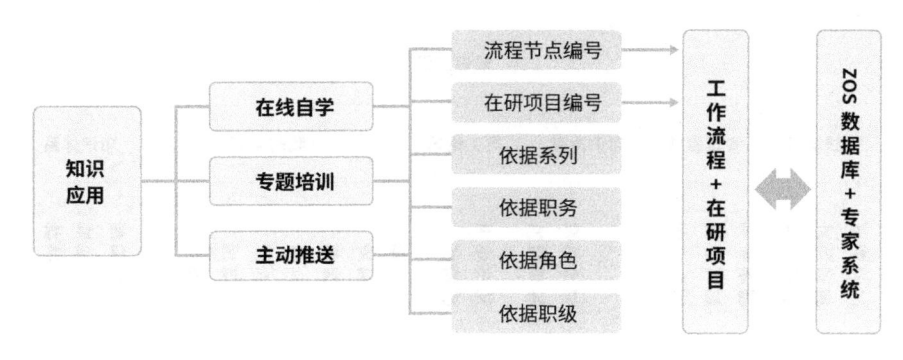

图 9-8　课程匹配示意图

3．实现知识的主动推送与智能化应用

随着培训体系的不断完善和数字化（Zemic_ZOS）系统的不断升级，未来的课程匹配将向以下方向发展：

（1）与工作流程关联，提供主动推送服务。

（2）与在研项目信息关联，提供知识推送服务。

（3）与 Zemic_ZOS 数据库关联，获取工作相关信息。

（4）未来与 Zemic_ZOS 专家决策系统关联，推进智能化应用。

9.3.6　数字化平台支持

利用数字化平台，不断补充知识文库各模块，再将实际工作中积累的经验、教训等，通过不断地归纳总结，提炼成为提升工作效率的利器，这些转化和提炼都通过信息技术手段有效地展现出来，并实现将非结构化、零散的知识集成、整合，实现知识的存储、查询、推送等功能，为建立学习型组织奠定基础，如图 9-9 所示。

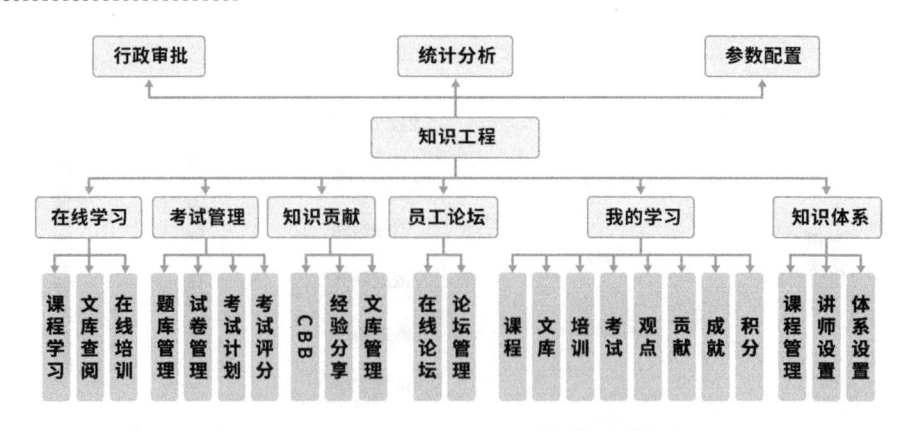

图 9-9　Zemic_ZOS 知识工程模块功能框架

9.4　能力提升训练实践

前面讲到了知识工程和培训体系,本节将着重介绍培训实施和具体实践。从新员工入职培训、在职员工培养以及领导干部培训三个方面阐述实战训练和提升能力的路径。

9.4.1　新员工入职培训与能力提升

从企业的角度来看,新员工是企业的新鲜血液,新员工入职培训是其从学生转变成为员工的过程,也是员工从个体融入组织或团队并成为团队一员的过程。

1. 培训内容

对于新员工的入职培训,主要以知识维为主,旨在让新员工熟悉企业文化和适应组织环境,了解企业的基础业务和管理知识,明确自身角色定位,规划职业生涯发展,不断发挥自己的才能,从而推动企业的发展。

新员工的培训主要分为:综合类知识和专业类知识。综合类知识以企业战略文化、规章制度、产品与技术发展、逻辑思维基础训练等内容为主;

专业类知识按员工的角色分类（如机械类、电子类、软件类等专业）开展专业知识、技能、工具和方法、设计、试验、仿真等培训。

以中航电测为例，公司自 2017 年开始，针对新入职员工开展为期 15 周的入职培训，主要以培训和实际操作为主，具体培训内容主要包括：

（1）公共基础：企业文化、规章制度、业务背景知识等。

（2）通用能力：逻辑思维（初级）训练、质量模型与管控基础、能力评价与学习成长、拓展技术视野等。

（3）管理体系：研发管理体系建设、企业标准化管理、公共技术平台等。

（4）专业方向：专业技术能力、业务背景知识、项目专项知识（初级）、专业实训等。

2．培训效果评估

新入职员工经过集中培训后，为了检验培训效果，需针对性地开展效果评估，可结合员工职级职等的评定和月度、年度的考核结果予以评估，为新员工顺利迈入职业发展通道起到良好的开端，如图 9-10 所示。

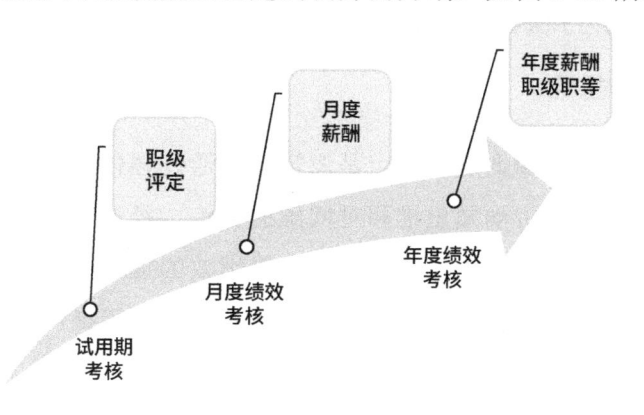

图 9-10　培训效果评估（示例）

3．制订提升计划

通过绩效管理，坚持业绩导向，结合测评工具，分析和评价新员工的绩效与问题，帮助其找出差距根源、问题背景，指出改善提升方向，制订改进提升计划，帮助新员工成长。

9.4.2 在职员工培养与能力提升

在职员工注重中长期的培养和培训相结合，专项培训作为中长期培养的理论基础，结合个人发展计划（IDP），由组织为员工赋能。工程技术、管理和营销系列员工，除了日常培训，仍需要以在职的方式进行中长期的持续培养（如逻辑思维训练和项目管理实训，培养周期约为1年）。

1．培养需求

随着行业发展和知识更新，对培训内容的更新和课程体系的迭代优化提出了更高的要求，针对员工岗位的核心职责，通过年度绩效考核、能力测评等途径，结合职级、职等的动态调整，了解员工在能力方面存在的差距，按年度开展培训需求调研，综合分析调研情况，以此作为培养需求的来源，按照分层分类原则，梳理培养需求、明确培养对象、确定培养方向，有针对性地提升在职员工能力。

2．培养重点

在职员工培养和训练的重点是逻辑维，通过强化逻辑维的训练，提升员工的学习能力，带动知识维和时间维的训练，经过一段时间的历练，将学到内容转化为工作能力，进而达到工作绩效的提升，如图9-11所示。

同时，需要不断地优化和完善知识体系，为员工提供持续学习和成长的驱动力，逐渐形成学习"自驱动"。

3．培养内容与评估

在职研发系列员工的培养主要包含逻辑思维、项目管理（含研发质量控制）、风险/质量/缺陷模型、拓展技术视野、复盘课程及研发体系课程学习、基本管理能力训练，技能类知识培训由各经营单位自行组织训练。

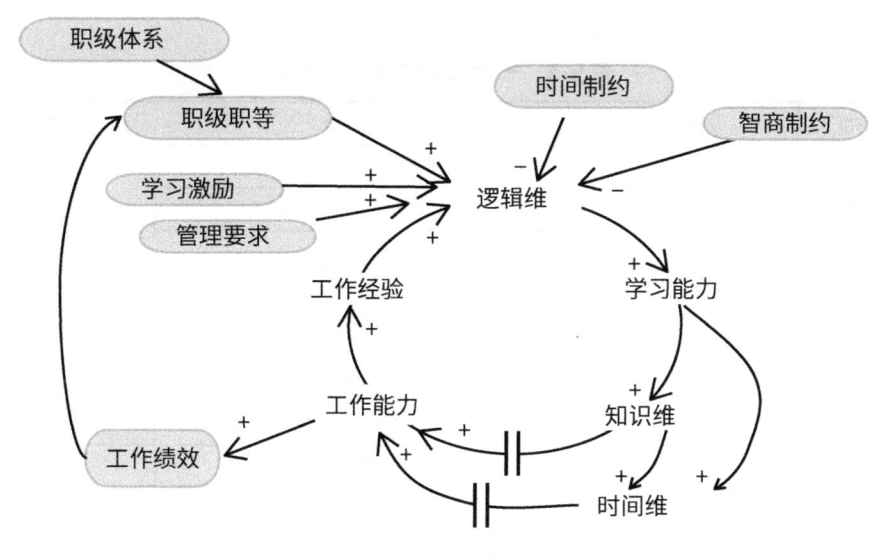

图 9-11 在职员工培养回路图

对在职员工培养效果进行评估，一方面在培养结束后进行考核，另一方面需要结合持续跟踪情况，考核培养的内容在实际工作中的效果，以及在目标实现过程中发挥的作用。

9.4.3 干部梯队建设与能力提升

1．干部队伍建设需求

干部是企业的中坚力量，在企业中肩负着不同程度的领导责任，发挥着引领作用，一支高素质、专业化的干部队伍，将会直接影响组织的整体工作水平。随着时代的发展，知识的增长和更新迅速，干部队伍更需要持续地学习和成长，干部的队伍建设也显得尤为重要。

2．内容与评估

干部培训除了包含在职员工的培训内容，还应该注重提升其履职能力和领导水平，尤其体现在团队管理能力、团队竞争能力和企业领导力等方面的培训，如表 9-5 所示。

表 9-5 干部培训内容（示例）

维度	专题训练	课程（部分）	培训对象
管理能力进阶提升	企管管理训练（初级）	团队管理思维与方法	中层干部
		团队竞争思维与方法	
		总结到复盘	
		数字化运营体系	
	企管管理训练（中级）	AOS 与 NQMS	中层干部
		精益管理提升	
		拓展技术视野	
	逻辑思维训练（高级）	创新性思维与发展变革	中高层干部
		系统性思维与企业管理	
		企业领导力	
	企管管理训练（高级）	产品全生命周期管理	中高层干部
		AOS/NQMS/Zemic_ZOS	
专业能力提升	党建	党建文化知识	中层干部
	战略	企业决策与战略管理	
	财务	财务管理基础	
	人力资源	人力资源管理	

对干部的培训效果进行评估，更加注重理论联系实际的情况，如以项目或工作内容的完成情况，以及团队整体业绩的完成情况作为干部培训效果评估的主要依据，最终形成知识结构合理、能力表现均衡的干部梯队。

3. 打造年轻管理梯队

年轻管理团队是干部队伍建设的后备力量，需要建立针对性的课程体系，从任务管理、专业建设和团队建设等方面进行系统性训练，加强推动执行、沟通协调和团队管理能力，提升管理者的系统性思维和创新思维能力。

9.4.4 能力进阶

通常情况下，认知事物分为三个层面：

（1）信息层面：事物是怎样的？都有哪些事物？

（2）逻辑层面：为什么是这样的？什么原因导致了这样的结果？各要素间的关系怎样？

（3）假设层面：逻辑思考的起点是什么？

人们认知事物通常仅限于信息层面，无法深入到逻辑层面和假设层面，类似于只见树木，不见森林。针对此类问题，企业应基于培训体系的搭建，结合逻辑思维训练手段，按照点状思维→线状思维→面状思维→系统性思维的能力进阶路径，以期透过现象看本质。

为了提高企业的核心竞争力，加强对员工的培养是重要的途径，尤其是系统性地开展培训工作，让员工的能力得到提升，思维意识得到增强，为企业创新和发展提供人才保障和智力支持。

9.5 绩效管理与职级调整

近年来，许多企业都在不断探索绩效管理的方法和工具，其核心主要围绕着为员工指明工作目标和方向，确保职责履行与企业目标一致。运行良好的绩效管理体系不仅能给优秀的员工提供最大的价值回报，还能给他们提供更大的成长空间。

对企业而言，通过分析影响绩效的因素，找出不利的关键因素，寻找解决办法，进一步完善管理机制，能提高企业的经营管理效率；除此之外，还能找出员工在能力、知识等方面的缺陷，实施指导和改进，促使他们的能力得以提升，从而提高工作效率。

9.5.1 建立绩效目标体系

企业要想实现员工成长和效率提升的目标，在绩效管理环节中，首先要考虑建立一套自上而下分解、自下而上支撑的目标体系。

自上而下的目标是将企业总体战略目标分解为年度经营计划，由企业内部组织予以承接,形成组织目标,员工按照岗位职责,分解、落实组织目标,形成个人年度绩效目标,从关键指标设定、基于岗位职责的改进提升和重点项目等维度,制订员工的工作计划并推进执行,形成员工绩效,如图9-12所示。

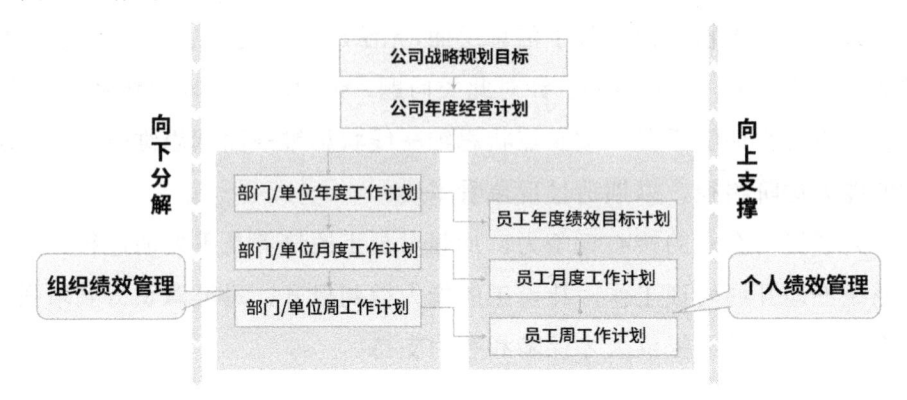

图 9-12 绩效目标示意图

9.5.2 分层分级开展员工绩效评价

1. 绩效评价存在的常见问题

(1) 非量化考评结果受主观因素影响

考评人对员工的某些深刻印象,会冲淡或掩盖该员工其他方面的特征,这是管理学中晕轮效应的体现;同时,考评人可能倾向给予同样为公司服务年限较长、担任职务较高的员工较高的分数。

(2) 非量化考评评分标准有偏差

如果考评的维度不清晰,打分的标准不统一,则会导致考评人的评分标准出现偏差。

(3) 量化考评的偏差

量化考评的偏差主要来自工作分配中对工作量和工作难度的估算,需要不断积累经验,逐渐分类构建定额标准。在量化考核准确度较低的初期,以非量化考核为主；待量化考核可信度逐渐上升后，逐步加大量化考核权重。

2. 量化绩效的原则

（1）确定明确清晰的指标，指标尽可能覆盖工作过程和成果。
（2）利用信息化手段，采集指标数据，真实可靠。
（3）考核计算方式自动快捷、简单易操作。
（4）具有量化的管理标准。
（5）与个人职级职等或职务的调整关联。
（6）考核结果做趋势性分析，让员工产生前进的动力。

3. 设计技术系统量化绩效考核体系

以工程技术类人员的考核为例，用数字化手段，构建以量化为主的考核体系，并开展考核、分析等工作，如图9-13所示。

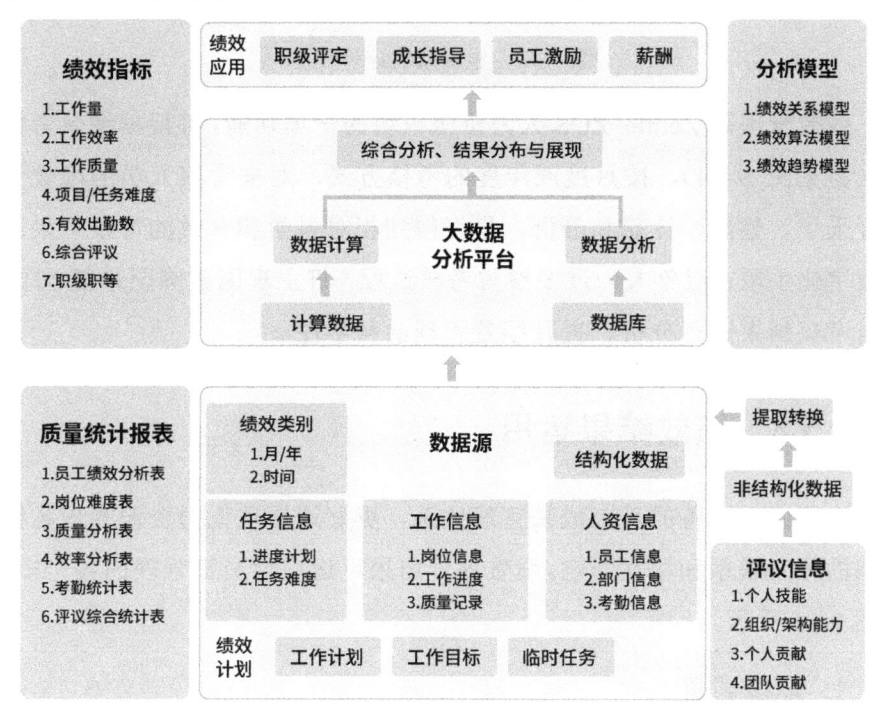

图 9-13　绩效管理模型

4．建立绩效评价模型

推进可量化的绩效考核评价工作，包括月度绩效评价和年终综合评议，月度绩效评价与员工月度绩效薪酬相关联，年终综合评议关联员工职级、薪酬、培训、岗位调整等内容，对于高职级人员更加偏重年终综合评议结果，而对于中低职级人员则更加偏重月度绩效评价结果，如图 9-14 所示。

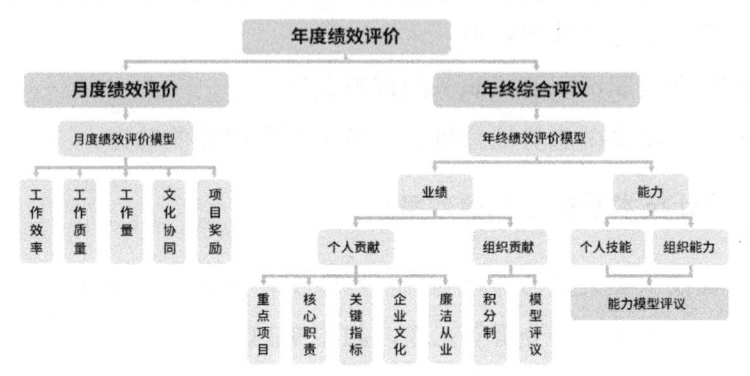

图 9-14　年度绩效评价模型

绩效管理是 Zemic_ZOS 人力资源模块的一项功能，可根据绩效考核模型（参见图 9-14），按月度或年度的考核方式，对被考核人员的绩效信息进行采集、整理、计算和分析，最终得到相对科学和有效的考核结果；通过数字化手段，避免人为过多参与考核过程，将主观因素降至最低，同时，可对考核结果进行分析，提升绩效管理的科学性。

9.5.3　绩效结果运用

为了建立完善的员工成长管理体系，更好地展现人力资源管理各模块之间的相互联系和相互影响，绩效评价结果可运用至员工管理的各个模块，如图 9-15 所示。

1．职级调整

企业对员工进行绩效管理，根据员工的年度绩效考核结果进行职级、职等的动态调整，主要依据员工年度个人"业绩-能力"评价结果，综合衡量同职级人员的业绩和能力，合理调整员工的职级、职等。

职级
- 向上调整
- 保持
- 向下调整

培训
- 发现短板
- 针对性开展培训

薪酬
- 年终奖
- 项目奖励
- 专项奖励

岗位
- 保持
- 调整
- 淘汰

图 9-15　绩效结果运用

2．薪酬激励

（1）月度绩效

员工月度绩效考核结果与其月度绩效系数建立对应关系，作为发放月度绩效工资的依据。

（2）年终奖励

员工年度绩效考核结果与其年终绩效建立对应关系，作为年终绩效奖的发放依据。

3．培训培养

当员工能力测评出现短板或弱势项时，则作为员工培训培养的需求输入。

4．岗位调整

当员工业绩较差，其绩效考核结果则作为岗位调整或淘汰的直接因素。

小结： 逻辑为基、能力为本，人才是企业发展的基石。一流的企业必须有一流的人才做支撑，没有人才的支撑，一切制度、方法将成为"空中楼阁"，推行的工作也就成了"花拳绣腿"。

第 10 章　体系化治理

传统模式的信息化单向开发应用，提升了企业的管理水平，但也导致了大量的数据孤岛。对于 IT 资产较重、目前无法推倒重构的企业，如何消除孤岛、打通数据链成了当前阶段关注的核心任务。制造业通过数据治理让领导看见数据是目标吗？多套软件间的数据如何交换？数字化体系应如何构建？

10.1　数字化建设常见问题

制造业需要梳理与整合线下管理体系文件，并将其有规律、可重复的大量管理思想和方法固化于软件，将人依据制度体系去管理人，转变成软件依据制度体系去协助人管事，从而提升管理的质量与效率，降低管理成本。

10.1.1　运营多体系

企业拥有众多的体系文件，如 ISO 9000/GJB 9000、AOS、NQMS、IPD、MBSE、APQP、精益管理等，但多体系的共存会带来以下问题。

（1）各体系之间有重复、有遗漏。

（2）各体系间描述或多或少存在不一致，相互之间的关系不清晰。

（3）实际工作依照哪一个体系来执行。

（4）多体系"打架"，降低了工作效率。

（5）线下、线上体系不一致，同时与实际工作也没有保持一致，成为数字化转型的阻碍。

10.1.2 要素缺整合

（1）企业中质量、安全、合规等一系列的管理控制要素同时存在。

（2）在实际工作中众多要素并未分解至工作流程并实施控制。

（3）各流程中并未系统地整合、管控各要素。

（4）不了解采用了什么手段控制过程要素。

10.1.3 流程无骨架

1. 梳理流程的目的

梳理流程是为了通过规范管理，最终达到提升企业管理水平的目的，多、快、好、省地做好各项工作。

但是，看问题需要一分为二。流程在规范行为的同时，是否会限制创新？是否会降低简单活动的效率及应急响应的能力？如何处理规范性与灵活性？工作中需要确定：

（1）哪些工作是必须要依据流程严格执行的。

（2）哪些工作流程应该是指导性、框架性的。

（3）哪些工作是没有必要建立流程去管理的。

2. 业务域划分的逻辑

业务域是相对独立与稳定的，而组织机构是随企业的规模与业务形态变化而变化的。在符合 MECE 原则基础上，使它们能尽量全面地覆盖企业运营管理业务活动。

3. 业务域之间的关系

业务域是一组相对独立的业务活动组合，但业务活动之间又是紧密联系的。在划分业务域、构建流程体系后，还需要弄清楚以下流程关系：

（1）战略与运营价值链之间的流程关系。

（2）运营价值链内部各业务域之间的流程关系。

（3）管理支持各业务域之间，以及与价值链、党建战略之间流程关系。

4．流程框架

下面用全国的公路网来做类比分析。

（1）骨干网

用省比作业务域，则：

- 省道与省道之间的接口需要提前规划，否则省道与省道之间就都是断头路。
- 业务域间流程不通，在数字化转型中很难实现全业务数据链打通。

（2）分支网

用县比作流程组，则：

- 需要事先规划好县道与县道之间的接口。
- 再往下细分，条条村道、各个流程也应贯通。

若没有自顶向下的设计，就缺少了整个顶层的流程框架，各流程间无法联通，领导关心的数据流动与智能决策分析能力将无法实现。

10.1.4　信息陷孤岛

长期以来，缺乏顶层逻辑架构下的信息化建设，主要来自基层"散点"的需求驱动。在两化融合的四个阶段（基础设施建设、单向应用、综合集成、创新引领）当中，多数企业目前处于第二阶段，即单向应用阶段。要从单向应用迈向综合集成，面对几十套甚至上百套软件孤岛的集成整合，成了企业难以逾越的一道道鸿沟。

1．高层管理者的诉求

高层管理者希望能全面消除孤岛、打通数据链，看到企业经营过程的关键指标，以便及时发现问题、分析问题及解决问题，从而系统地提升管理水平。

那么，数据从哪里来？到哪里去？怎么用？不同管理层级对数据的使用会有不同的诉求。

2．对数字化转型的理解

针对高端制造业的数字化转型，应该从以下几方面来理解。

（1）转型的目的

哪些方面（战略、能力、技术、管理、业务等）要转型？制造业的需求不同于互联网企业，对于制造业而言，核心是依托数字化运营提升经营管理水平，迈向智能制造。

（2）转型的内容

转型的核心是将线下管理转换为线上数字化运营管理，并实施与研发设计、生产产线、仓储物流、智能建筑等四大执行系统的互联。但现状怎样呢？忙于概念、软件、技术堆砌，甚至把技术与工具当目标。企业的中高层管理者不能充分理解转型的方案，转型的价值无法体现。

（3）转型的推进者

一把手挂帅，并授权具有跨部门推动能力的组织（部门）来综合推进。

3．数字化转型的路径

企业是否希望数字化平台能固化为有规律、可重复的管理思想，助力企业管理水平可持续迭代提升呢？达成目的的手段是数据治理，还是体系治理？面对众多的软件，如何打通数据链（消除数据孤岛），分步实现各系统互联及提升软件工具应用水平，并推动一体化数字运营管理平台建设，逐步构建数据智能决策分析能力？

（1）在原有软件系统的基础上打通

构建数据中台，做数据治理，需要与各种软件做接口：分析梳理软件间的逻辑关系、处理软件中重复的数据、补齐缺失的数据等。历尽艰辛，得到的却是一张比蜘蛛网还复杂的关系图,平台建设及未来的维护成本都需要被充分论证与认识。

（2）全部重构

原有的软件资产很难处置,且很多企业不具备重构的能力。

10.1.5　规划忘初心

将线下的运营体系文件通过软件转移至线上运营,并实现互联,支撑企业数字化运营管理与智能制造,目标是企业运营的提质、增效、降本,且可持续迭代改进。

那么,目前的数字化规划能支撑这个目标的实现吗?做数据治理,建设企业智慧大脑,让领导看见数据是当初的目的吗?

1．质量及其他要素过程控制

领导查看数据时,发现问题后需要追溯；同时,在工作流程中需要依托软件系统去控制质量、安全、合规、保密、环保等要素。

2．工作效率

员工需要操作多套软件,在软件间频繁切换与转移数据的问题需要解决,同时需要实现数据的单一入口、多重出口,数模在各业务活动中的连续传递。

信息化流程需要支持实现业财一体、业管一体（如业务域与 OA 办公系统之间的连通）。

3．运营成本

（1）企业运营管理成本

① 通过提升系统操作的便捷性,保持数据流畅通,并构建辅助管理决策系统,降低管理难度,降低管理成本。例如,智能排产、部门间指令数据传递、质量问题追溯、绩效与工资发放、差旅报销等。

② 通过提升管理效率和质量，减少差错与浪费，实现间接降本。例如，固化体系，持续迭代，减少重复建设；流程贯穿，打通部门墙，提升效率；要素融入过程管控，防控风险等。

（2）IT 建设与运维成本

① 做好顶层架构、分步实施，杜绝孤岛式建设，减少重复投资，降低 IT 建设成本。

② 采取有效措施，使数据系统更规范、逻辑关系更清晰，充分考虑系统的灵活性和扩展性，减少后续数据治理与打功能补丁，降低运维成本。

10.1.6 技术、工具当需求

1. 技术

基于互联网思维来做制造业数字化转型，能实现制造业数字化运营目标吗？

（1）要清楚技术在为谁服务。

（2）要清楚哪些技术是目前解决制造业过程管理所急需的。

（3）要清楚当前制造业主要聚焦点在哪里。

2. 工具

如果缺乏对企业整体运营逻辑的认识与把握能力，只是做局部的改善，就很容易引发新的问题，为了解决问题，我们又会再去寻找工具。而在执行层，工具的学习、购买与使用往往变成了追求的目标，使我们慢慢忘记了初心。

以研发管理为例，针对众多的研发管理软件（如 PLM、PDM、系统工程、需求管理、项目管理等），应考虑以下几方面：

（1）研发人员的实际研发工作流程与软件管理工具的流程关系要相符。

（2）软件管理工具的核心作用之一是为了帮助提高研发效率。

(3)在人的能力跟不上时，工具不能解决我们的根本问题。

10.1.7 战略计划难实施

1．战略无支撑

制定了规划，明确了愿景、目标和业务方向，细化了子规划，却出现了以下情况。

(1) 战略无法层层分解承接。
(2) 数据无法相互支撑。
(3) 组织绩效指标无法选择，数据无法获取，问题无法追踪、分析和改善。

2．计划难实施

(1) IT系统无法支撑任务分解、计划制订、执行、监督和处理。
(2) 业务运营数据无法回传给计划系统和战略规划系统。
(3) 个人绩效指标无法选择与管理。

10.2 信息孤岛的形成

参照美国APQC框架，航空工业多年来一直推动AOS管理体系建设，装备发展管理部门开始推动NQMS管理体系建设，目标是整合所有体系文件，建立覆盖全业务、全要素的一体化体系，并推动IT建设，以支撑企业的一体化运营管理。

10.2.1 现有系统简介

(1) ERP

企业资源计划（Enterprise Resource Planning，ERP）由美国 Gartner

Group 公司于 1990 年提出。

在我国，以财务软件的开发为基点，逐步扩展至采购、仓储、营销订单管理、生产物料计划、人力资源基本信息管理等领域。

（2）MES

MES 能通过信息的传递，对整个产品生产过程进行优化管理，对工厂发生的实时事件，及时做出反应和报告，并用当前准确的数据进行相应的指导和处理。

以生产计划编制及执行管控为基本点，下层与 SCADA、DCS 等系统对接，上层与 ERP 中的采购、仓储、营销订单等对接，生产计划管理可以拓展至物料计划（MRP）、智能排产（APS）等。

（3）MOM

MOM（Manufacturing Operation Management）意为制造运营管理。

传统 MES 以生产管理为核心，而 MOM 则将与生产相关的活动，如采购仓储、产品交付、质量控制及设备维护等纳入管理范畴，并对这些活动的协作进行管理，实现对原材料、能源、信息到产品的转换过程中的成本、数量、安全和时间等参数进行协调、指导和追踪，着眼于企业制造运营管理能力的提升。

（4）研发管理系统

- PDM 是产品数据管理，用来管理所有与产品相关的信息（包括零件信息、配置、文档、CAD 文件、结构、权限信息等）及过程（包括过程定义和管理）信息。

- PLM 是产品生命周期管理，是应用于企业内部或企业之间，支持产品全生命周期中信息的创建、管理、分发和应用的一系列解决方案。PLM 包含 PDM 的功能。

- PM 着眼于研发项目管理，并按启动、规划、执行、监控和收尾这五大过程组进行管理。

- DOORS 是一个功能全面且强大的需求管理工具，在汽车、航空航天等领域有广泛的应用。

思考：以上系统之间是什么关系？各个系统能独立使用吗？支持集成研发流程的高效运营吗？是否需要在不同系统之间不断导入数据？

（5）OA 系统

OA（办公自动化）系统的核心应用是：流程审批、协同工作、公文管理（国企和政府机关）、沟通工具、文档管理、信息中心、电子论坛、计划管理、项目管理、任务管理、会议管理、关联人员、系统集成、门户定制、通讯录、工作便签、问卷调查、常用工具（计算器、万年历等）。

（6）QMS

QMS（质量管理系统）旨在提升企业产品质量保证能力，核心价值是实现企业质量管理持续改进机制的固化。为此，需要建立管控产品全生命周期过程活动的体系，做质量相关数据分析与展示、问题追踪与处理等。

10.2.2 单视角开发致孤岛

每种软件都会从某一视角作为切入点解决局部问题，而解决问题需要多种信息资源的互联，于是由点到面逐步扩展功能，如图10-1所示。随着功能的逐步扩展，各系统间的重复愈加严重，形成系列孤岛。

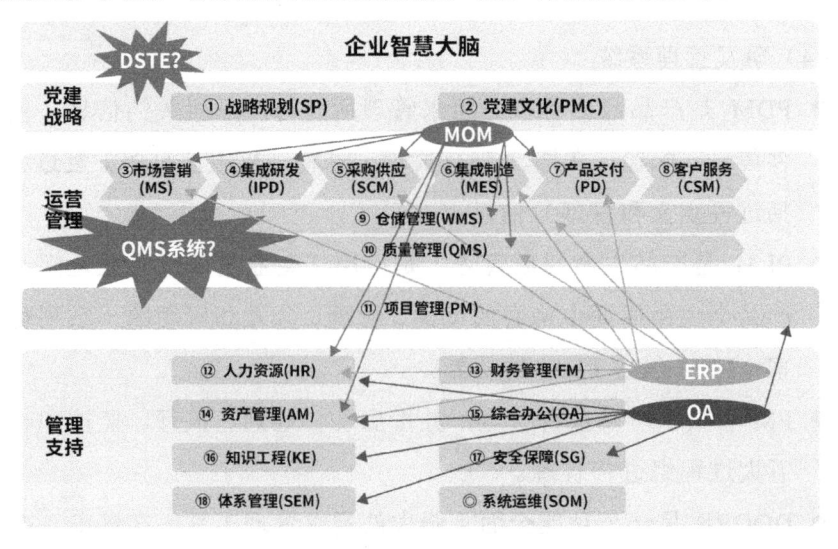

图 10-1 孤岛的形成

第 10 章 体系化治理

10.2.3 孤岛的治理

为了消除孤岛，开始了数据治理之路。然而，在治理的过程又会不断地产生新的孤岛。面对这样的局面，是否应该痛下决心，做好企业运营数字化的顶层规划呢？正确的方法是：明确目标、方向和路径，分步实施，减少重复建设，逐步逼近目标。

10.3 数字化路径分析

目前，数字化运营管理平台的构建主要有以下三条路径：
- 基于多软件整合的多平台管理（传统路径）。
- 基于事件纯流程驱动的数字化平台（如按流程直接编程）。
- 基于事件多方式驱动的一体化数字平台（如中航电测 Zemic_ZOS）。

10.3.1 基于多软件整合的多平台管理

因单向应用阶段缺乏顶层架构，导致了目前众多的孤岛，采用数据中台对多软件数据进行整合是现阶段较为普遍的治理路径，如图 10-2 所示。

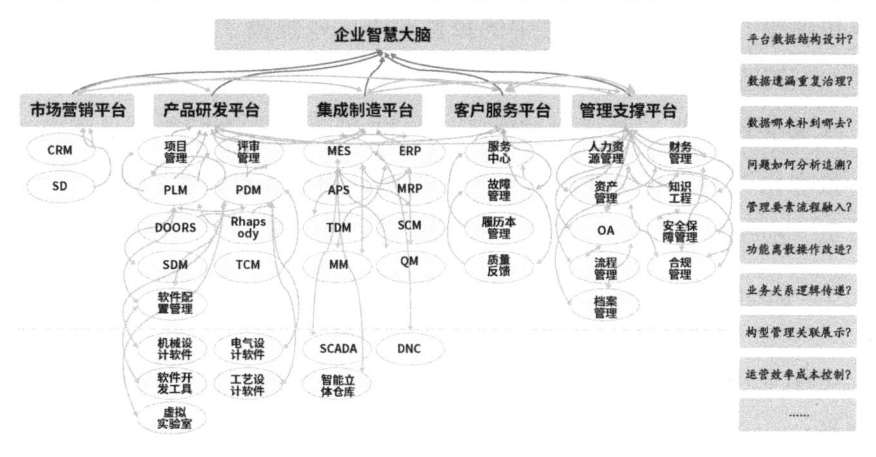

图 10-2 如何面对数据孤岛

建设一体化数智工厂

1. 领导的诉求递进

（1）要求形象展示及发现问题

领导会因为看不见数据而着急，因此如何构建智慧大脑，让数据能顺利通达，且便于快速发现经营问题便是该阶段的关注点。

① 构建多数据平台，关注全业务主数据逻辑结构关系。

② 通过数据治理，解决数据遗漏与重复问题。

（2）通过追溯与解决问题，提升运营质量

领导从智慧大脑看见数据后，追溯与解决问题成为关注点。

① 从驾驶舱（智慧大脑）发现问题后，要分析与追溯问题，最终解决问题。

② 各种管理要素（如质量、合规、安全、保密、环保等）要融入 IT 流程并实施管控。

③ 构型管理/状态管理所需的数据资料要进行关联、传递、控制、查询和展示。

（3）要求提高效率

① 做一项工作时，不同功能分散在多个系统中，需要不断切换，工作很难得到保证。

② 不同阶段的成果需要传递（如各种 BOM 的传递、计划的分解传递、需求传递等），应避免各软件中的重复输入，以提高工作效率。

（4）降本增效

IT 多系统本身运维成本居高不下，IT 投入产出比很难满足要求。

数字化能为企业发展提供新的原动力，如盈利点、盈利模式、经营模式、员工成长等。

2. 如何满足需求

实现难度太大。到目前为止，花巨资+人力+时间去做数据治理、搭建数据平台、开发智慧大脑，让智慧大脑实时展示企业运营数据这一步，很多的制造型企业都未能实现。即使少数企业打通了数据链，缺失的数据打补丁及其数据来源也是一道坎，用 Excel 表导入成了一种补充手段，人为因素的介入对大多数企业是难以持续的。

再往下深入，要解决过程质量与多要素管控问题、操作与运营效率问题、降低企业运营成本问题等，难度就更大了。

10.3.2 基于事件纯流程驱动的数字化平台

流程是指一个或一系列、连续有规律的行动，这些行动以确定的方式发生或执行，导致特定结果的实现；主要应强调将有规律、可重复的行动加以总结、提炼、表达和复用，如约束性的生产工艺流程、指导性的研发及管理创新活动相关流程、依据个人经验给出建议性的流程等。

（1）唯流程将使软件复杂化

流程是系统背后的核心骨架，但不要唯流程化。数字化平台 UI 界面操作指令背后的任务执行中，命令、模型、数据等驱动方式大量存在，且分布离散、数量众多，若每个事件均通过流程驱动，则流程数量会急剧增加，且会使简单问题复杂化。

（2）失去通用性会导致开发与维护工作量激增

① 开发：由于许多流程的个性化问题，使得软件的通用性变差，开发工作量巨大，如研发流程、生产工艺流程等。

② 维护：软件维护工作量巨大，频繁变化的流程、步骤与活动，使软件需要不断地修改。

（3）多任务并发处理的困难

若缺乏支持业务问题整体性解决的顶层架构，缺乏业务综合解决方案的 UI 界面及其背后任务执行的多种驱动形式，会使需要多流程、多方式并发驱动的任务执行方案成为串行解决方案，从而降低运营效率，业务整体解决方案也会被离散化。

（4）开发与维护成本难控制

纯流程驱动的定制化开发，开发、维护成本难以承受，且随着流程增加，功能越来越复杂，运行与维护效率会不断下降；基于综合业务解决需要的多任务并发处理，在 UI 界面设计时也容易导致功能被单一的流程驱动方式离散化。

10.3.3 基于事件多方式驱动的一体化数字平台

中航电测基于企业运营逻辑，整体重构了数字化运营管理平台，使用便捷高效，维护成本较低。在设计与开发阶段就已构建了支持全业务域运营的主数据架构，数据规范、齐全，无须再进行数据治理，为制造业数字化开辟了一条新的路径。

（1）从战略→计划→业务运营/数据采集→数据汇总与处理→数据展现→发现问题→分析与追溯问题→解决问题→迭代改进，依据业务运营管理的逻辑做好顶层架构，层层细化，去支持企业整体运营。

（2）以实现业务需求目标为导向，组合设计各层级 UI 界面，界面指令功能通过多方式驱动组合实现；整体任务的解决方案，聚焦于业务，简化了过程，提高了运营效率，如图 10-3 所示。

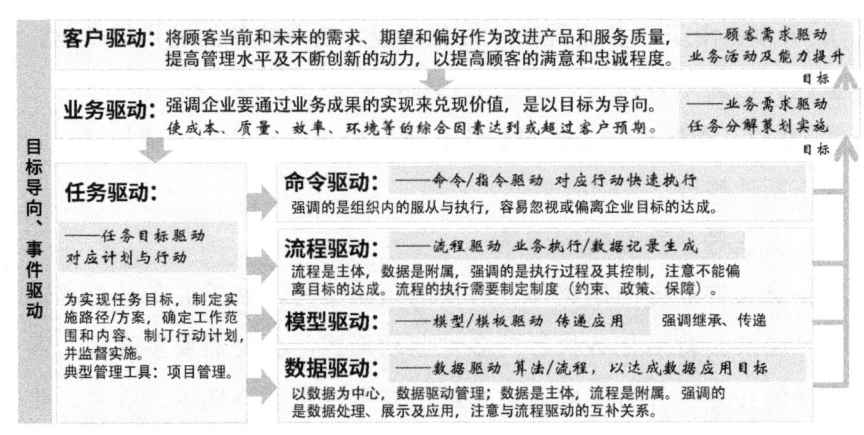

图 10-3　目标导向、事件驱动

（3）最大限度地发挥高级编程语言可视化编程及各种成熟组件的功能，实现快速开发。

（4）用软件功能实现对流程的管控，通过对流程管控实现对职能及其相应业务工作的支持与约束，前者与后者是实现与被实现的关系，而不是简单相等的关系。

（5）通过对通用性规律的分层提炼，提高数字化运营管理平台的通用性与稳定性；通过配置、选项、模板、BOM、权限等的应用，去适应需求的变化。

10.4 体系化治理发展趋势

1．数字化数据交换模式

数据交换模式如图10-4所示。

（1）方式一：网状数据交换模式

优点：构建企业最基础的数据共享。

缺点：一个系统与多个系统交换，系统与系统之间数据的一致性难以保证。

（2）方式二：星形数据交换模式

优点：实现主数据管理，集中管理、全局共享。

缺点：需要先了解所有系统之间的业务关系，然后在主数据库中搭建各系统之间关系，再进行分发，对原有系统业务底层数据结构了解要求较高，主数据重构有难度；目前普遍缺乏主数据结构间的业务传递关系，难以支持数据传递高效应用。

（3）方式三：一体式架构交换模式

优点：在系统构建时，就在数据库搭建了完整的数据结构关系，各业务之间可以任意地进行互联互通，无须再单独搭建主数据，无须数据治理；基于企业实际运营逻辑，支持企业线下管理到线上管理的整体迁移。

建设一体化数智工厂

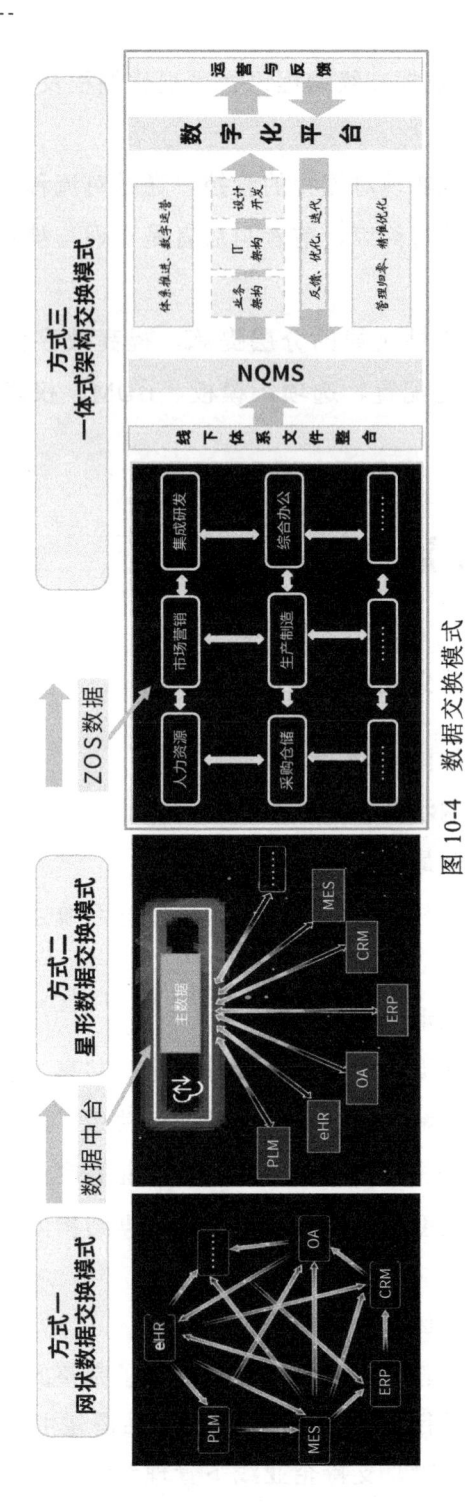

图 10-4 数据交换模式

缺点：顶层架构搭建难度大，一般企业无力搭建。

2. 数字化体系构建模式

在上述数据交换模式演变的基础上，制造业数字化体系构建的模式也在不断发展（见图10-5），主要包括以下四个阶段。

（1）阶段一：单向应用

"十三五"规划期间，信息化处于单向应用阶段，运用网状数据交换模式实现信息局部互联、数据局部应用。这一阶段让企业信息化得到了普及化的应用，同时也产生了众多的孤岛。

（2）阶段二：数据孤岛治理与应用

目前，企业普遍在推动集成应用，注重数据孤岛治理与数据应用，常见路径是采用星形数据交换模式，打通数据孤岛，数据归集至数据中台，再推送至智慧大脑，面向数据应用。

（3）阶段三：过程管理+数据应用

部分企业已开展体系化治理，采用一体化数据交换模式构建数据底座，所有数据结构互联互通。针对新建部分，面向企业运营过程管理支持（流程、制度、记录体系）；针对已有系统，将数据归集至相应业务域的数据表，实现数据集成应用。

（4）阶段四：整体运营管理与体系化迭代提升

少数先行者探索走向企业一体化数字运营管理，采用一体式数据交换模式构建数据底座，所有数据结构互联互通；整个系统面向企业运营过程管理支持（流程、制度、记录体系）、过程与结果数据智能化应用。数字化运营系统是企业管理思想的固化，有规律、可重复的人工管理部分逐渐被IT管理所替代，再支撑管理体系持续优化与提升，让IT管理变得更智能，助力走向工业4.0。

建设一体化数智工厂

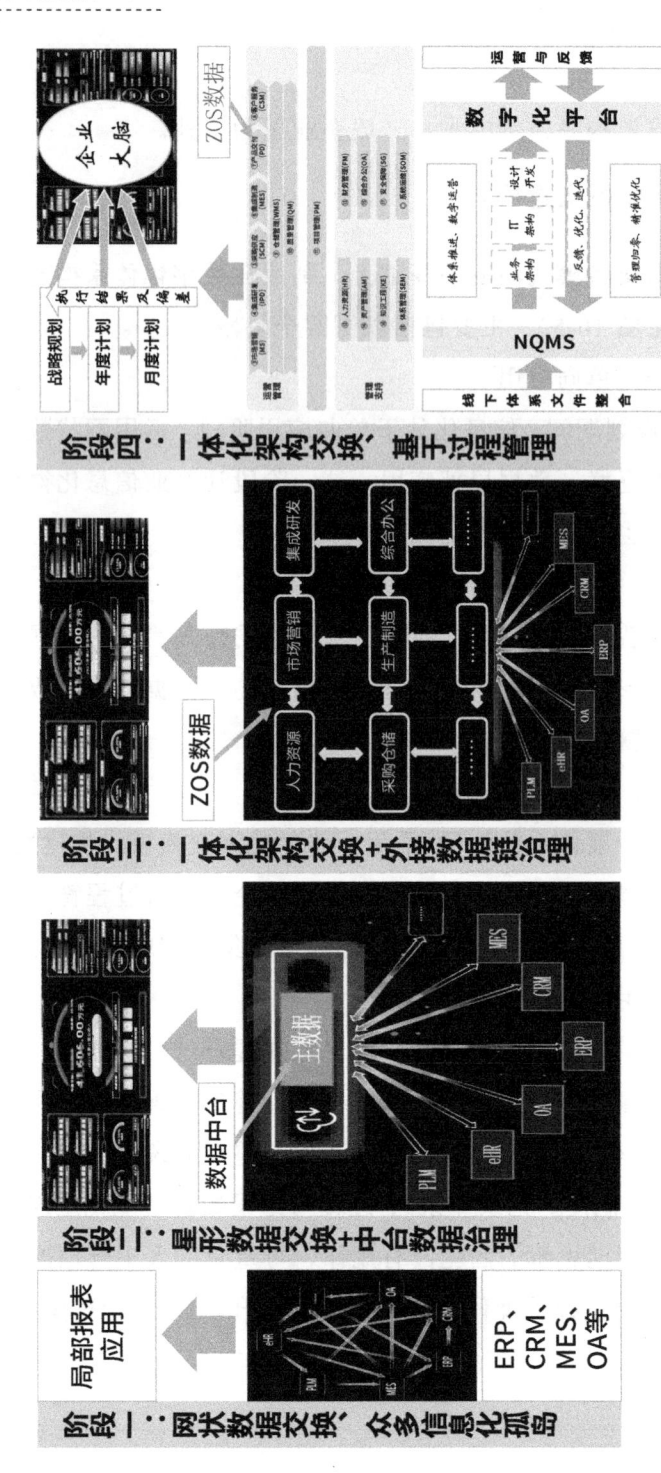

图 10-5 数字化体系构建模式

10.5 多系统重构建议

10.5.1 体系化治理路径

1. 明确目标

首先要明确问题所在，然后确定数字化的目标。

体系化治理路径与能力如图 10-6 所示。

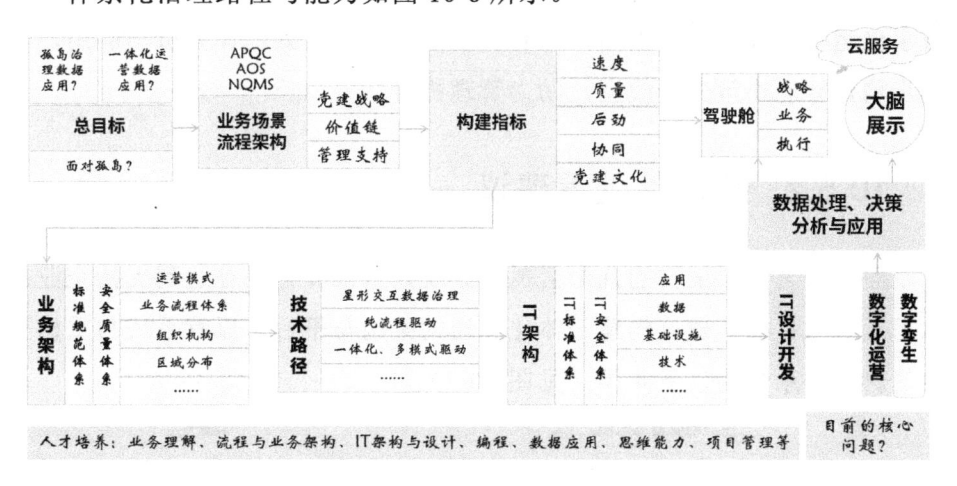

图 10-6 体系化治理路径与能力

2. 流程架构

参照 APQC 建立自己的流程框架后，构建企业组织绩效、流程绩效指标体系，再逐步厘清底层的数据源及其相互关系，这些是建立主数据架构的基础。

贯通战略到计划执行，贯通运营价值链，实现业财一体、业管一体化管理。

让所有的端到端，类似于公路地图一样连通，不只是城镇之间要通达，还要让村落之间也通达，这样才能在你想要去某一目的地时，通过导航规划你的出行路径。

3. 企业架构

流程架构是业务架构的基础，IT 架构是为了实现业务。在做 IT 架构前要选择好实施路径，建议采用一体化数据架构，以适应未来发展需要，支撑未来可持续高效迭代。

4. 开发与运营

业务架构与 IT 架构是 IT 设计开发的输入。设计开发并部署后，进入数字化运营阶段，对产生的大量有价值的数据进行处理、分析与应用，再逐步构建智能决策分析模型，助力管理提升。

10.5.2 原软件处置建议

面对缺乏顶层架构的几十套孤岛系统，修修补补很难达到支持企业高水平运营的目标，建议构建一体化贯通的架构与平台。原有系统与重构平台的对接关系分为以下 4 类（见图 10-7）。

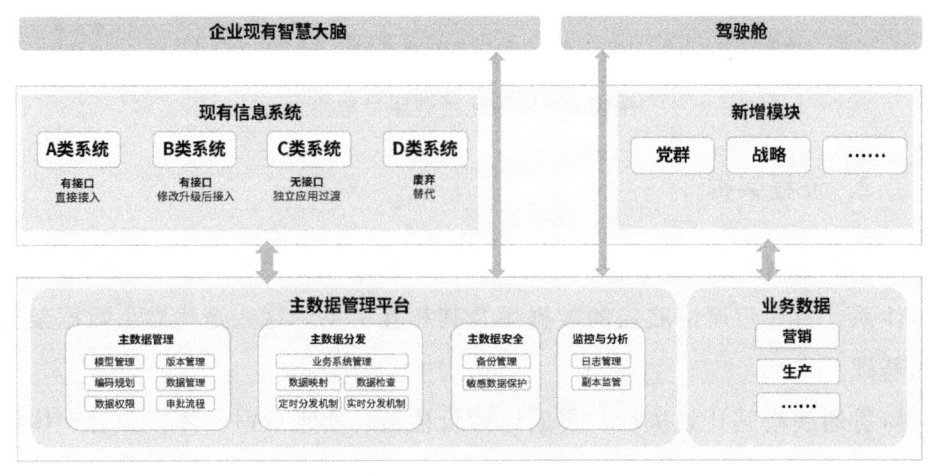

图 10-7 多软件系统整合路径建议

A 类系统：目前在用且能继续使用，则直接接入。

B 类系统：目前在用但功能不完善，则调整完善后接入。

C 类系统：目前在用但不好用，以后准备被替代，则不再做接口，只做暂时过渡。

D 类系统：目前基本没用，则直接被替代。

10.5.3　重构面临的困难与应对策略

1. 组织

（1）困难

① 缺乏顶层统一推进的组织，权力分散在多个部门，无法做出较为完整、统一的顶层架构。

② 重要/不紧急的线下体系整合、顶层架构等基础活动在日常工作中被轻视，而急于应付各种短平快活动，如急于购买解决眼下问题的工具软件而忽略了与整体的匹配性。

（2）策略

构建统一的数字化转型推进高层级部门，直接由一把手负责，整合体系、流程、IT 职能，或直接整合为一个部门，赋予跨部门组织推进的权力。

2. 文化

（1）困难

① 惯性思维：习惯于传统工作模式，不愿做出改变。

② 从众思维：大家都是这么做的，我也跟着这么做；即使大家做得效果不理想，也不太愿意尝试新的路径。

③ 权威思维：标杆是这么做的，专家是这么说的，所以我也这么做；缺乏因地制宜做自我适应性分析的能力，没有能力透过现象看本质，往往学成"形"似而"神"不似。

④ 惰性思维：只想要"好用"的系统，却不愿为构建"好用"的系统付出精力。

（2）策略

基于企业自身运营的逻辑去构建数字化运营体系，建立相应的绩效管理机制，调动积极性，推动管理提升。

3．技术与能力

（1）困难

大多数企业，对贯穿数字化转型过程的业务理解及其线下体系文件整合、流程框架与企业架构、IT设计与开发等缺乏能力，也难以掌握所需的技术。

（2）策略

寻找能帮助企业实现数字化转型目标的合作伙伴，并为自己赋能。

小结：制造业数字化转型不是多软件与技术的堆砌，也不仅仅是通过数据治理实现数据的互联互通，企业经营管理者对它的真正需求是：提升企业经营管理效率，提升产品与服务质量，降低经营成本，支持战略目标的实现。要实现这一目标，就要进行体系化治理。在重构一体化主数据架构的基础上，针对原有多系统软件进行体系化治理，达到原有系统面向数据应用，未来新增软件系统面向过程管理+数据应用，通过不断迭代，最终实现企业一体化数字运营管理。

参考文献

[1] 张甲华. 产品战略规划[M]. 北京：清华大学出版社，2014.

[2] 宋小军. 做最好产品经理[M]. 广州：广东旅游出版社，2014.

[3] 琳达·哥乔斯. 产品经理手册[M]. 祝亚雄，冯华丽，金骆彬，译. 北京：机械工业出版社，2017.

[4] 胡云峰. 企业运营管理体系建设[M]. 武汉：华中科技大学出版社，2018.

[5] 王玉荣，葛新红. 流程管理[M]. 5版. 北京：北京大学出版社，2016.

[6] 育滨. 系统工程理论[M]. 合肥：中国科技大学出版社，2009.

[7] 爱德华·克劳利. 系统架构：复杂系统的产品设计与开发[M]. 爱飞翔，译. 北京：机械工业出版社，2016.

[8] The Open Group.TOGAF 标准 9.1 版[M]. 张国兴，等，译. 北京：机械工业出版社 2017.

[9] VERNON V. 实现领域驱动设计[M]. 滕云，译. 北京：电子工业出版社，2014.

[10] JAMES P W，DANIEL T J. 精益思想[M]. 沈希瑾，张文杰，李京生，译. 北京：机械工业出版社，2015.

[11] 霍夫曼，谷炼. 基于模型的系统工程最佳实践[M]. 北京：航空工业出版社，2014.

[12] 梅多斯. 系统之美：决策者的系统思考[M]. 邱昭良，译. 杭州：浙江人民出版社，2012.

[13] 邱昭良. 如何系统思考[M]. 北京：机械工业出版社，2018.

[14] 德斯勒. 人力资源管理[M]. 12版. 刘昕，译. 北京：中国人民大学出版社，2012.

[15] 田锋. 制造业知识工程[M]. 北京：清华大学出版社，2019.

[16] 石磊. 战略性人力资源管理：系统思考及观念创新[M]. 四川：西南财经大学出版社，2011.

[17] 赵民，刘志敏，王永庆，等. 基于流程的知识工程与创新[M]. 北京：航空工业出版社，2016.

[18] 刘劲松，胡必刚. 华为能，你也能：IPD重构产品研发[M]. 北京：北京大学出版社，2015.

[19] 卢刚. 向华为学习卓越的产品管理[M]. 北京：北京大学出版社，2013.

[20] 美国项目管理协会. 项目管理知识体系指南（PMBOK指南）[M]. 6版.北京：电子工业出版社，2018.

[21] 王树文. 张成功项目管理记[M]. 2版. 北京：人民邮电出版社，2016.

[22] 谭志彬，柳纯录，周立新，等. 信息系统项目管理师教程[M]. 3版. 北京：清华大学出版社，2017.

[23] 陈南峰. 集成产品研发制造型企业数字化运营体系构建与管理提升[M]. 北京：航空工业出版社，2020.

[24] 陈中. 复盘：对过去的事情做思维演练[M]. 北京：机械工业出版社，2013.

[25] 邱昭良. 复盘+：把经验转化为能力[M]. 3版. 北京：机械工业出版社，2018.

[26] MCLEAN T. 中小型企业精益实践指南[M]. 余凤华，郑俐旎，译. 北京：人民邮电出版社，2017.

后　记

企业应基于制造业运营的逻辑，制定数字化管理提升的目标，选择最佳路径，构建数字化运营管理平台，走向智能工厂建设。

1. 制造业的数字化不同于互联网企业

（1）互联网及相关服务业，核心是服务，需要通过大数据收集客户信息、分析客户喜好、制定推广策略、调整商业模式等，所以大数据的应用是数字化转型的核心工作；对原有信息化系统的治理，主要也是强调数据治理与应用。

（2）对于制造业，核心是围绕产品全生命周期展开的，所以数字化的核心是提升企业运营的过程管控能力，且需要支撑智能制造能力的建设；对原有信息化系统的治理，主要应是强调体系化治理，面向过程管理，助力企业管理水平的提升（提质、增效、降本，且可持续）。

2. 制造业数字化需要做好顶层架构

（1）没有顶层架构的数字化与智能制造建设，将会形成众多孤岛，导致重复建设、反复治理，浪费大量人力、物力与财力。

（2）数字化顶层架构的核心是业务架构，IT架构是为实现业务服务的。

（3）智能工厂建设规划的核心是制造，是生产产线和仓储物流如何与数字化运营管理平台实现互联；智能建筑系统、网络与安全是建设智能工厂的基础。

3. 制造业数字化体系构建模式与阶段

（1）"十三五"规划期间，普遍开展信息化单向建设应用，系统局部互联，数据局部应用。

（2）目前普遍在推动集成应用，注重数据孤岛治理与数据应用。

（3）已逐渐开始体系化治理，孕育面向企业运营过程管理支持+数据应用。

（4）少数先行者对标一流实践，探索走向管理体系数字化、数据应用及管理智能化，支撑管理体系持续优化与提升，助力走向工业4.0。

4．制造业数字化建设的长期性与艰巨性

制造业数字化，本质上是一场管理变革，从线下到线上，从无序到有序，是一个持续提升的过程。它是企业一把手工程，更是复杂的系统工程，横跨企业管理、架构、IT等多个专业。

制造业数字化建设的难点如下：

（1）业务与技术之难。

（2）专业间沟通之难。

（3）思维转变之难。